OEUVRES
MILITAIRES
DE
GUIBERT.

Tome II.

OEUVRES MILITAIRES DE GUIBERT,

PUBLIÉES PAR SA VEUVE,

SUR LES MANUSCRITS ET D'APRÈS LES CORRECTIONS DE L'AUTEUR.

TOME QUATRIÈME.

DEFENSE DU SYSTÊME DE GUERRE.

TOME SECOND.

A PARIS,

CHEZ MAGIMEL, LIBRAIRE POUR L'ART MILITAIRE, QUAI DES AUGUSTINS, n°. 73.

AN XII. — 1803.

DEFENSE

DU

SYSTÊME DE GUERRE MODERNE,

OU

RÉFUTATION DU SYSTÊME DE M. DE M.... D.....

TROISIÈME PARTIE.

Examen du Systême de M. de M.... D.... relativement à la Stratégique, ou Tactique des Armées.

A MESURE que nous avançons, les objets deviennent plus importans et plus vastes. Nous voici à ce qui concerne les armées. Quand j'ai traité cette grande partie dans mon Essai général de Tactique, on m'en a fait un crime; on a dit que je mettois la main à l'Arche du Seigneur; que je voulois donner des leçons aux généraux. Si l'on redemande aujourd'hui, de quel droit je la traite encore, ma réponse sera simple : du même droit que M. de M.... D..... a eu pour la traiter ; avec cette différence que, s'il y avoit de l'audace et de l'orgueil à discuter d'aussi grands objets, il faudroit imputer cette accusation à celui qui a fait un systême pour bouleverser les idées reçues, plutôt qu'à celui qui écrit pour les défendre. Mais je suis loin de convenir de ces prétendus torts. La théorie d'un art est du ressort de tout homme qui pense ; et malheur au siècle et au pays où l'on n'auroit qu'à cinquante ans le droit de penser, et celui d'étudier le commandement des armées que quand on y seroit parvenu.

Parmi les avantages attribués par M. de M.... D..... à l'ordre de profondeur en général, adopté comme ordre habituel, et à son systême en particulier, il insiste par-dessus tout sur ceux de rassembler plus de troupes dans un même espace, et au besoin dans un plus petit ; de resserrer par conséquent les positions ; de raccourcir les ordres de bataille ; de trouver plus communément des camps avantageux ; de s'en passer sans risques, si le pays n'en fournit pas ; de n'avoir point de flancs ; d'être également fort par-tout ; enfin de donner au général, par le raccourcissement des positions et des ordres de bataille, la possibilité d'embrasser d'un coup-d'œil l'ensemble et les détails de sa défense ou de son attaque, et de diriger lui-même les opérations relatives à l'une ou à l'autre circonstance.

Je vais analyser ces prétendus avantages, et pour cet effet les discuter successivement sous la forme de questions.

CHAPITRE PREMIER.

Si l'on adoptoit le Système de M. de M...D..., s'ensuivroit-il qu'on pût, comme il l'annonce, resserrer les positions, les camps et les ordres de bataille?

Il faut revenir ici aux bases qui ont été établies dans le chapitre qui traite de l'ordre primitif et habituel.

Il en est d'une armée comme d'une troupe, puisqu'une armée n'est que la collection de beaucoup de troupes réunies. C'est de l'état de repos qu'une armée passe à l'état d'action. Avant d'agir, avant de combattre, ou, pour mieux dire, en attendant qu'elle agisse ou qu'elle combatte, et lorsqu'elle n'agit ni ne combat, il faut donc qu'une armée soit établie dans une position.

Il faut que cette position soit telle, que cette armée puisse y camper, y subsister, s'y défendre si elle est surprise et attaquée; couvrir ou menacer les points qui l'intéressent, et enfin en déboucher avec liberté pour marcher où il peut lui être nécessaire de se porter.

Ces conditions peuvent être, suivant les circonstances, plus ou moins intéressantes à réunir dans une position : cela dépend du degré d'infériorité ou de supériorité de l'ennemi; de la nature de guerre qu'on fait vis-à-vis de lui; de sa plus ou moins grande proximité, etc.; mais toujours est-il vrai, qu'une armée même supérieure, même sur l'offensive, ne peut, jusqu'à un certain point, se dispenser de s'établir dans des positions qui lui procurent ces avantages; car si elle a affaire à un ennemi habile et manœuvrier, il pourroit trouver occasion de la punir de les avoir négligées.

Le choix des positions est donc aujourd'hui une des principales branches de l'art de la guerre. Aux positions sont liés les campemens, puisque c'est d'après les positions que les campemens sont déterminés; les ordres de marche, puisque l'objet des marches est toujours de porter l'armée d'une position à une autre; les ordres de bataille, puisque lorsqu'on est sur la défensive, c'est d'après la position qu'on occupe, qu'il faut déterminer celui qu'on doit prendre ; et que, quand on est sur l'offensive, c'est d'après la position qu'on veut attaquer, qu'il faut le déterminer encore ; les subsistances enfin, puisque ce sont les positions qui les fournissent, les couvrent ou les procurent.

Les anciens ne mettoient aucun prix aux positions, et, comme je l'ai déjà expliqué au chapitre qui traite de l'ordre primitif et habituel, ils étoient en cela fondés en raisons. La nature de leurs armes les rendoit non-seulement plus propres à l'offensive qu'à la défensive ; mais elle leur rendoit même la défensive désavantageuse. Inférieurs ou supérieurs, il falloit donc qu'ils attaquassent quand ils vouloient combattre, et que par conséquent ils cherchassent les plaines comme nous cherchons les postes.

J'ai démontré dans le même chapitre (et si cela est inutile à répéter en détail, ce résumé est du moins important à rappeler), que par des raisons opposées, tirées aussi de la nature de nos armes, la défensive étoit aujourd'hui devenue plus avantageuse ; que de-là l'ordre défensif étoit nécessairement et naturellement devenu l'ordre le plus fréquent ; que l'ordre déployé étoit plus propre à la défensive que l'ordre profond; et qu'il s'ensuivoit par conséquent que ce premier devoit être l'ordre primitif et habituel.

Maintenant que ces préliminaires sont posés, pour résoudre la question proposée par ce chapitre, nous croyons qu'il s'agit d'examiner trois points; si c'est l'ordre déployé qui fait nécessairement prendre les positions étendues; si l'ordre profond dispenseroit de les prendre telles; si enfin il seroit possible et avantageux de les raccourcir? Ces points sont tellement analogues et enchaînés les uns aux autres, qu'il nous est impossible de les traiter séparément, et que nous sommes réduits à n'en faire qu'un seul et même objet de discussion.

C'est étrangement se méprendre de croire que ce soit l'ordre déployé, adopté aujourd'hui comme ordre primitif et habituel, qui détermine les armées à prendre des positions étendues. L'extension des positions tient à d'autres motifs qui commanderoient de même à l'ordre profond. Les positions étendues étant nécessitées par ces motifs, l'ordre déployé est le plus propre et le plus avantageux pour les occuper et pour les garnir. L'ordre profond seroit forcé, s'il ne vouloit pas se déployer pour atteindre au même objet, d'augmenter les intervalles de sa disposition primitive; ce qui reviendroit au même résultat, quant aux prétendus inconvéniens de l'étendue des ordres de bataille, et défendroit certainement bien moins les positions.

Il est hors de doute qu'en général les positions courtes ne soient plus avantageuses à défendre que les positions étendues : il est hors de doute que, si un général peut remplir également tous les objets qu'il doit avoir en vue, relativement aux circonstances, il ne lui soit personnellement plus avantageux de choisir une position resserrée qu'une position étendue; puisque dans la position resserrée il peut tout embrasser, tout voir, tout conduire; au lieu que dans la position étendue, une partie de ses troupes, de son terrein et de sa disposition étant presque toujours hors de sa vue, il est obligé de s'en rapporter à d'autres qu'à lui-même; et qu'ainsi il se trouve dans la pénible situation d'être responsable des événemens, et de ne pouvoir pas toujours les diriger.

Mais, comme il est peu de ces positions heureuses qui, en étant resserrées, remplissent également tous les objets qu'une bonne position doit remplir; comme il y a presque toujours des raisons supérieures qui forcent à s'étendre, que s'ensuit-il de-là? Que les généraux des anciens n'étant point assujétis à faire des guerres de positions, et tenant toujours en conséquence leurs armées sous leurs yeux et dans leur main, faisoient une guerre qui étoit pour eux bien moins difficile et bien plus avantageuse; que les généraux modernes ont besoin de plus d'art, de plus de combinaisons, de plus d'activité, de meilleurs organes pour suppléer à l'étendue, de plus de promptitude de jugement pour réparer les fautes et les accidens, de plus de sagacité pour prévoir et en quelque sorte deviner ce qu'ils ne voient pas; d'une tête plus vaste enfin, et qui contienne, si j'ose m'exprimer ainsi, plus de terrein, plus d'hypothèses et plus de ressources. Que, pour être un grand général, j'entends par grand général, non pas un homme qui ait des succès partiels, ou même de grands succès dont le hasard aura fait une partie des frais; mais une longue suite de victoires, de belles retraites, de campagnes savantes, tel que le roi de Prusse, par exemple; il faut plus que du talent, il faut du génie, et du génie au plus haut degré.

Qu'en résulte-t-il encore? C'est que l'art ayant éprouvé cette révolution, heureuse ou malheureuse, comme on voudra, mais qui existe enfin, il ne s'agit point de prétendre le changer pour le rendre ou plus facile, ou plus commode, ou plus avantageux aux généraux; mais de l'étudier et de le réduire en théorie, pour que les généraux puissent l'employer tel qu'il est, et s'élever jusqu'à lui.

Revenons à notre objet. M. de M.... D..... parle de positions étendues, de positions resserrées, de l'inconvénient des unes, des avantages des autres, etc. etc., mais tout ce qu'il dit à ce sujet est vague comme l'air; car une position n'est en soi-même ni resserrée, ni étendue; elle n'acquiert cette dénomination, qu'en la considérant relativement à la force de l'armée qui doit l'occuper, et à celle de l'ennemi qui peut l'attaquer. Une position peut n'être pas désavantageuse quoiqu'elle soit étendue, et avantageuse quoiqu'elle soit resserrée. Telle position étendue peut être couverte d'obstacles, de manière qu'elle réduise l'attaque à des points, et qu'une armée qui seroit insuffisante à une position de même développement dans un terrein plus ouvert, lui suffise. Telle position resserrée peut au contraire être désavantageuse; elle n'a qu'à manquer de profondeur; elle n'a qu'à pouvoir être embrassée par ses flancs. Il y a, comme on voit, des distinctions, des modifications sans nombre à établir; et si l'on vouloit appuyer chacune d'elles par un exemple, on trouveroit autant de positions désavantageuses par leur resserrement que par leur étendue.

Mais ce n'est pas seulement relativement à l'objet de combattre et au nombre de troupes qu'on a pour l'occuper, comparé avec celui qu'a l'ennemi pour l'attaquer, qu'une position est bonne ou mauvaise. Une position sera en vain resserrée et inattaquable; elle n'en sera pas moins une mauvaise position, si les troupes y sont sans commodités pour leur campement et pour leurs besoins; si elle ne couvre pas les points d'où l'armée tire ses subsistances, ou les autres points qui lui sont importans à couvrir; si enfin elle ne favorise pas ses opérations ultérieures, en même temps qu'elle contrarie celles de l'ennemi. En envisageant les positions sous tous ces rapports, il me sera aisé de prouver qu'ils imposent presque toujours la nécessité de s'étendre, et que les positions resserrées procurent ordinairement beaucoup moins ces avantages, et sont par conséquent plus souvent défectueuses que les positions étendues.

C'est donc à ces rapports que tient aujourd'hui l'extension des positions, et non, comme le croit M. de M.... D....., à l'ordre déployé. Quand un général choisit une position, ce sont d'abord eux qu'il a en vue. Il combine ensuite la position qui s'offre à lui, et qui lui paroît les remplir, avec la force de son armée. Les trouve-t-il porportionnées l'une à l'autre, cela le détermine à s'y établir. Trouve-t-il son armée trop foible pour la défendre, et peut-il craindre d'y être attaqué, il renonce à l'occuper. Se trouve-t-il plus nombreux que l'étendue de sa position ne l'exige; alors il s'en applaudit comme d'un avantage de plus qu'a sa position; et ce nombre excédant, il n'en est point embarrassé; ou il redouble ses lignes, ou il place des troupes en réserve, ou il les détache dans un point important, ou bien il les emploie à une expédition utile. A lire M. de M..... D...., qui ne croiroit que la Tactique moderne enseigne de prendre les positions à la toise, et de ne les trouver bonnes que quand toute l'armée y a la place nécessaire pour s'y déployer dans son ordre de tableau!

Poursuivons. Les chapitres suivans vont de plus en plus développer la grande question que je traite.

CHAPITRE II.

La castramétation actuelle peut-elle changer de forme, et par conséquent permettre le raccourcissement des positions ?

Que Folard eût attaqué les principes de castramétation en usage de son temps par l'excessif allongement qu'ils donnoient aux camps, il auroit eu raison sans doute; mais que M. de M.... D..... parte de ces principes surannés et tombés en désuétude, pour proposer un nouveau systême de campement, cela ne se conçoit pas.

Dans tous les ouvrages classiques imprimés sur la castramétation, tant avant Folard que de son temps, et même de nos jours, on pose en principe, de donner au front du camp de chaque bataillon et de chaque escadron, la même étendue que chaque bataillon ou escadron doit avoir en bataille. En prenant ce principe pour base de sa critique, M. de M....D.... a beau jeu en effet à s'égayer sur l'allongement excessif qui en résultoit pour les camps modernes; car, supposant une armée de cent bataillons et de cent escadrons, chaque bataillon à 200 files seulement, et chaque escadron de 70; le camp de cette armée sur deux lignes occuperoit 7246 toises, ce qui feroit trois grandes lieues. Mais où M. de M.... D..... a-t-il vu des camps formés sur ce principe? Où a-t-il vu une armée de cette force prendre des positions de cette étendue?

1°. Une armée de cette force n'est pas toute rassemblée sur un point; elle est souvent campée sur plus de deux lignes; ou du moins elle a plusieurs réserves qui campent en troisième ligne. Indépendamment de ces réserves qui tiennent à son ordre de bataille, elle a des corps détachés, des avant-gardes. Il faut donc rabattre un grand tiers de l'armée employé ainsi hors de ligne, et diminuer d'autant le prétendu front qu'on a donné ci-dessus à son camp.

2°. Il y a long-temps que le principe de donner au camp de chaque bataillon ou escadron le front de leur ordre de bataille, est relégué parmi les vieux argumens d'école. Dès l'avant-dernière guerre on ne le suivoit plus, et on avoit beaucoup resserré le front des camps. La guerre dernière, M. le maréchal de Broglie avoit établi dans son réglement, qu'on camperoit toujours par pelotons. Enfin, dans l'ordonnance provisoire du service de campagne, qu'il a fait exécuter au camp de Bayeux, la forme des camps, lorsque l'armée est en activité de mouvement et d'opération, ce qui sera par conséquent la forme la plus habituelle dans le courant d'une campagne, y est indiquée à trente-cinq toises par bataillon, y compris son intervalle, et à vingt-cinq toises par escadron; ce qui ne fait guère que les deux tiers du front qu'occuperoit un bataillon de deux cents files complettes, et de celui qu'occuperoit un escadron de soixante et dix. On suppose avec raison dans cette ordonnance, que le non-complet, les malades, les détachés réduisent presque toujours l'effectif à un tiers au-dessous de la formation. La forme de camp ci-dessus est par demi-compagnie dans l'infanterie, et par compagnie ou par escadron dans la cavalerie.

La même ordonnance établit, et je crois très-sagement, une seconde forme de camp qui est par quart de compagnie dans l'infanterie, et par demi-compagnie ou demi-escadron dans la cavalerie; laquelle est de soixante-dix toises par bataillon et de cinquante par escadron. Cette formation est indiquée pour les camps de commodité, pour les camps d'arrière-saison, et où l'on veut faire barraquer les troupes. Elle offre de plus un autre avantage, celui de pouvoir dérober à l'ennemi la connoissance des troupes qu'on détacheroit pendant la nuit;

les bataillons, régimens et brigades qui se trouvent à côté des troupes détachées, n'ayant qu'à dédoubler leur camp, pour remplir l'intervalle qu'elles occupoient dans la ligne.

Tels sont les principes de castramétation établis aujourd'hui; principes simples qui ont raccourci les camps dans une juste proportion, en leur laissant la faculté de s'étendre quand cela est nécessaire; principes par conséquent applicables à toutes les circonstances. Car, j'en demande pardon à M. de M...D....., je trouve qu'il est fort avantageux qu'un systême se modifie, se plie, s'accommode aux temps, aux lieux et aux cas; parce que dans la pratique les systêmes absolus et exclusifs s'évanouissent toujours; et que depuis la nature qui agit dans l'espace, jusqu'à l'homme qui agit dans un point, tout me paroît plein d'exceptions, de distinctions et de variétés.

M. de M.... D..... s'explique avec sa clarté ordinaire sur le systême de castramétation qu'il voudroit substituer à celui qui existe. D'abord, il veut bien cependant faire grace à la forme parallèle, et convenir que cette forme est assez convenable; parce que chaque troupe prenant les armes à la tête de son camp, l'armée se trouve formée dans son ordre de bataille habituel; et il semble vouloir s'en contenter, pourvu que cette parallèle soit ce qu'il appelle *raccourcie*, afin de rendre la castramétation analogue à son systême. Mais bientôt après il avoue que » cette forme de camp tendante directement et immédiatement à l'ordre de » bataille parallèle, n'est pas celle qu'il préféreroit, parce qu'il n'est pas nécessaire d'avoir » trop de tendance à l'ordre parallèle, qui » n'est pas le meilleur, et dans lequel peut-être » on combattra assez rarement; et il aimeroit » mieux que l'armée campât dans une telle » forme, que dans le moment où elle prend » les armes, elle se trouvât disposée en colonnes » doubles et rapprochées, puisque de cet état » elle passera dans un instant à tel ordre de » bataille qu'il plaira au général d'employer, » et qu'en attendant elle tiendra l'ennemi » dans une entière incertitude sur sa disposi- » tion (1) ».

On croiroit qu'ensuite M. de M.... D..... va expliquer la forme de ce camp; mais c'est encore un de ces secrets qu'il est bien aise de tenir en réserve. Il dit donc « que c'est un petit » problême qu'il laisse au lecteur pour son » amusement; que seulement, en attendant sa » solution, il observe, 1°. qu'un camp de cette

(1) Pages 186 et 187 des Fragmens de Tactique.

» espèce seroit très-commode et très-joli ;
» 2°. que les différens camps, toujours essentiellement les mêmes, et remplissant également l'objet, seroient susceptibles d'une grande variété ; 3°. que par la même raison cette nouvelle castramétation s'accommoderoit de toutes sortes de terreins, ne seroit ni plus scrupuleuse ni plus délicate que ses dispositions et manœuvres, et qu'ainsi on pourroit facilement et commodément camper à tel endroit où une armée aujourd'hui ne s'aviseroit pas de se loger ; 4°. que de même que pour camper ainsi, il y a par-tout des emplacemens ; en avant de ces emplacemens, il y a par-tout des champs de bataille, bons dès qu'ils seront étendus et bien reconnus, mais quelquefois assez singuliers. 5°. Enfin, que cette variété et cette singularité des champs de bataille et des camps les rendroient indéchiffrables pour l'ennemi, et qu'il ne verroit point comme aujourd'hui, par l'étendue du camp le nombre des troupes ; par ce nombre, par leur emplacement et par le terrein en avant toujours assez ouvert, l'ordre de bataille dans lequel se présenteroit l'armée, si elle y étoit attaquée ». Ici M. de M.... D..... se tait ; et

moi j'avoue que je reste dans les ténèbres, et que je laisse-là son problême.

On m'a dit au camp de Bayeux que c'étoit en colonne que M. de M.... D..... prétendoit faire camper l'infanterie ; cette manière auroit en effet quelque analogie avec l'énoncé de son problême ; mais comment camper en colonne? Mon imagination s'y perd. Sera-ce en colonnes doubles et rapprochées, c'est-à-dire en jumelles, ainsi qu'une phrase de ce problême semble le faire entendre, puisqu'il y dit qu'il voudroit que les troupes, en sortant de leur camp, se trouvassent formées dans cette disposition? Cela me paroît impossible. Où iroit la queue d'un camp pareil? Sera-ce en colonne par bataillon? Cette profondeur seroit encore d'une incommodité affreuse. Où camperoient les officiers? A quelles distances les dernières compagnies se trouveroient du front du camp, qui est cependant le point de rassemblement naturel, puisque c'est la ligne de défense et la partie qui fait face à l'ennemi! Encore une fois je m'y perds, et je suis obligé de laisser-là ce que ma raison ne peut admettre.

Je ne sais si je m'abuse ; mais en attendant que M. de M.... D..... nous révèle son secret, la castramétation actuelle me paroît tout ce qu'il y a de plus raisonnable, de mieux entendu, et de plus analogue à la saine Tactique.

Voyons-la d'abord dans ses détails. Elle conserve chaque compagnie dans son ordre habituel. Elle met les soldats entre leurs faisceaux d'armes d'une part, et leurs cuisines de l'autre. Ces premières se trouvent distribuées sur la ligne du front, de manière qu'en cas d'alarme y courir et se trouver dans la formation habituelle, qui est en même temps la formation de défense, est pour tous les soldats qui composent ce bataillon, l'affaire d'un moment. Les cuisines se trouvent derrière les tentes des compagnies, par conséquent à portée d'elles, sous les yeux des soldats, et de manière à ne point faire craindre des accidens de feu. Suivons tout le reste de la distribution du camp. Les officiers se trouvent à portée de leurs troupes; chaque grade dans son alignement séparé, chaque officier avec le terrein qu'il lui faut précisément; de manière que dans aucune partie du camp, il n'y a ni embarras ni confusion. Le camp se trouve de tous côtés bien aéré, et percé par des rues qui font à la fois sa commodité et sa salubrité. Les unes servent aux compagnies pour se rassembler, et pour tous les détails intérieurs de la discipline; les autres pour tous les détails de commodité et pour l'écoulement des eaux. En avant de ce camp est un front de bandière suffisamment spacieux, qui est la place d'armes du bataillon. Par ce front de bandière, toutes les parties du camp peuvent se communiquer; tandis que les grands intervalles des bataillons servent en même temps de débouchés pour traverser le camp, et pour la communication des lignes.

Passons maintenant aux résultats. Toute position doit d'abord être défensive. La forme actuelle de nos camps l'occupe et la garnit dans tout son front. L'ordre primitif et habituel des bataillons doit être l'ordre déployé, parce que c'est celui qui se prend avec le plus de facilité, de promptitude, etc. etc. La forme de nos camps est relative à cet ordre.

M. de M.... D..... dit que le flanc de nos camps en est la partie foible. Qui le nie! Mais voilà pourquoi les positions sont faites. Voilà pourquoi leur choix est aujourd'hui une partie si importante de la guerre. Si la position est bonne, elle a donc ses flancs avantageusement appuyés. Indépendamment de cet appui, il y a toujours une brigade d'infanterie campée sur chaque flanc : excellente institution, et dont nous avons encore dans nos armées l'obligation à M. le maréchal de Broglie. Mais quand on camperoit en colonne par bataillons, au lieu de camper par bataillons en ordre déployé, le camp en auroit-il moins des flancs ? Pour n'avoir pas de flancs, il faudroit camper en ordre quarré, ou tellement approchant du quarré, que la différence du plus petit côté au plus grand, fût à peine sensible, ou bien dans l'ordre circulaire. M. de M.... D..... auroit pour exemple dans ce premier cas les Romains, et dans le second les Orientaux, et les Turcs nommément. Quand on a été chercher au Chili des autorités en faveur de la colonne, on peut bien s'accommoder des exemples de castramétation qu'on trouveroit en Turquie.

Mais, sérieusement parlant, à moins d'une de ces deux dispositions, il est clair que, quelle que soit la profondeur qu'on occupe, soit qu'on campe sur deux, sur trois, ou sur plusieurs lignes, si l'ennemi vient prendre une position, ou vous attaquer sur un de vos flancs, vous n'en serez pas moins obligé de prendre une nouvelle position pour lui faire face; car ce qui fait le désavantage d'être pris en flanc, c'est que la petitesse du front qu'on présente alors, donne à l'ennemi la possibilité d'embrasser trois des faces de la position qu'on occupe. Or, il n'y auroit pour parer à cet inconvénient qu'un seul moyen, qui, à la vérité, seroit barbare, vu la Tactique et les armes actuelles; ce seroit, comme nous venons de le dire, de camper en ordre rond ou quarré.

Le défaut de terrein seul mettroit presque toujours obstacle à ce qu'on campât sur une plus grande profondeur, ou à ce qu'on multipliât davantage les lignes. Déjà on trouve fort peu de positions où il soit possible de camper sur deux lignes, avec des réserves et tous les attirails qui accompagnent une armée. Beaucoup de positions manquent de profondeur, et cela doit en effet arriver souvent; car ce n'est pas dans des pays ouverts qu'on prend des positions, c'est ou sur des hauteurs, ou dans des pays embarrassés d'obstacles. Mais voilà ce que M. de M.... D..... perd sans cesse de vue. Il semble toujours supposer qu'on fait la guerre dans des plaines, et elle ne s'y fait presque jamais; d'abord, parce que les pays de plaines sont plus rares que les pays inégaux et couverts; et en second lieu, parce que de deux armées qui opèrent l'une contre l'autre, il y en a presque toujours une des deux sur la défensive, et que celle-là abandonne nécessairement les plaines pour chercher les postes.

Au reste, ce n'est pas sous le rapport de la castramétation seulement qu'il faut examiner la question de la possibilité de raccourcir les positions. Nous allons trouver d'autres raisons majeures pour nous y opposer.

CHAPITRE III.

Rapport des positions aux subsistances. Peut-on, relativement aux subsistances, adopter le systême de raccourcir les positions?

M. de M..... D..... n'a sans doute pas réfléchi combien les subsistances, cette partie si importante à la guerre, dépendent des positions, et combien elles souffriroient de leur raccourcissement. C'est par les positions étendues qu'on met derrière soi beaucoup de pays, et par conséquent beaucoup de moyens; qu'on couvre mieux ses communications et ses magasins; qu'on se met à l'aise enfin pour ses fourrages et pour ses besoins de toute espèce. Cette vérité est si incontestable, que dans les camps d'arrière-saison, et dans tous ceux où l'on prévoit devoir rester long-temps, on est forcément obligé de s'allonger; que si la position qu'on occupe est de telle nature qu'on ne puisse l'étendre sans la dénaturer ou sans l'affoiblir, on prend le parti de détacher des corps qui s'allongent en dehors de la position principale, et qui en sont en quelque sorte des extensions, sauf à se retirer ou à se rapprocher d'elle, en cas que l'ennemi marche sur eux; mais qui ont pour objet par-là d'embrasser plus de pays, d'agrandir les derrières de l'armée, et de lui procurer en même temps plus d'aisance et de moyens pour subsister.

Les subsistances dépendent tellement des positions, et par-là les positions sont quelquefois tellement subordonnées aux subsistances, que les généraux sont forcés de les choisir relativement à cette seule considération, et de lui sacrifier toutes les autres. On les voit donc quelquefois, pour se procurer des subsistances, et pour couvrir les points qui leur en fournissent, obligés de prendre des positions hasardeuses, soit parce qu'elles sont trop étendues, et qu'en s'étendant ainsi, elles n'ont plus de proportion avec leur armée, ou qu'elles manquent de points d'appui; soit parce que leur armée y est morcelée en plusieurs corps, et que quelqu'un de ces corps se trouve en prise; soit enfin par d'autres circonstances que leur infinie variété nous dispense de détailler. C'est-là même où l'homme supérieur hasarde plus que l'homme médiocre, parce qu'en même temps qu'il connoît mieux les inconvéniens de ce qu'il hasarde, il prévoit, il combine, il prépare mieux les préservatifs et les ressources.

Ainsi à la fin de la campagne de 1761, M. le maréchal de Broglie se vit forcé pour faire subsister plus commodément son armée, de la séparer en sept ou huit corps, tous campés à plusieurs lieues les uns des autres, et embrassant par-là une grande étendue de pays. Le prince Ferdinand, qui s'étoit retiré et dispersé de son côté vers Hamelen, à douze ou quinze lieues de lui, veut profiter de la circonstance pour le surprendre dans cette position. Il rassemble ses troupes, et marche à tire-d'aile vers Eimbeck, où M. le Maréchal avoit son quartier-général avec quatre brigades d'infanterie seulement, et quelque cavalerie. M. le Maréchal apprend ce mouvement le 4 au soir. Il envoie sur le champ ordre à tous ses corps détachés de se réunir à lui. Au point du jour il monte à cheval, choisit une position en avant d'Eimbeck, et y établit le peu de troupes qu'il avoit avec lui. Déjà la tête de l'armée ennemie paroissoit. Il envoie un gros détachement au-devant d'elle. Ce détachement l'arrête, la contient, l'oblige à se mettre en mesure avec le reste de l'armée, et ensuite à marcher avec précaution. Le temps se passe, la journée s'avance, nos troupes arrivent successivement, et garnissent la position reconnue; enfin, il est trois heures avant que M. le prince Ferdinand se trouve à portée de faire des dispositions pour le combat. Il comptoit surprendre, et au lieu de cela il voit devant lui une position formidable occupée par une armée dont la contenance ne paroît point incertaine, et qu'il doit de-là supposer toute rassemblée. La journée aboutit donc à une violente canonnade de part et d'autre; et dans la nuit le prince Ferdinand, voyant son projet manqué, reprit le chemin d'Hamelen. A la bataille près qui n'eut pas lieu, et qui auroit, je crois, completté l'analogie, si elle s'étoit donnée, ce fut à peu près le même événement qu'à Bergen. Le danger fut de même imminent, le champ de bataille de même plusieurs heures sans troupes; la même présence d'esprit, le même coup d'œil, la même justesse de combinaisons, le même homme enfin, sauva tout.

Et quelle fut cette position si habilement, si promptement démêlée par M. le maréchal de Broglie, dans un de ces pays si coupés, si inégaux, qu'à force de présenter des positions en tout sens, ils jettent dans l'embarras, et presque toujours dans l'erreur, un talent ordinaire? Je vais entrer, à cet égard, dans quelques détails. Cette petite digression ne sera ni étrangère ni indifférente à mon sujet.

Ce fut une position d'une lieue et demie de

développement, quoique nous ne fussions pas quarante mille combattans pour l'occuper; ce fut une position coupée en deux à son centre par une vallée, de manière que l'armée étoit en effet divisée en deux corps. Cette espèce de vallée ou d'entonnoir débouchoit dans la plaine d'Eimbeck, que M. le Maréchal occupoit avec la plus grande partie de sa cavalerie. Mais qu'importoit cette étendue de position, puisque son front étoit avantageux, et que l'attaque s'y réduisoit nécessairement à des points que l'armée étoit suffisante pour défendre ? Qu'importoit cette séparation de l'armée en deux parties, puisque l'ennemi ne pouvoit certainement s'engager dans cet entonnoir, en arrière de laquelle toute notre cavalerie formoit une courtine respectable, tandis que les deux branches de la position assise sur des hauteurs, en formoient les parties saillantes ou les bastions ? Moins étendue, prise conformément aux principes du systême de M. de M..... D....., la position n'eût rien valu, elle eût été susceptible d'être tournée; elle n'en eût pas seulement le premier jour imposé à l'ennemi. Mais rappelons-nous encore que M. de M.... D.... ne se contente pas de vouloir seulement resserrer les positions; il va jusqu'à dire qu'avec son systême on peut s'en passer, et *que son ordre est un poste excellent, qu'une armée portera partout.* Le beau rôle en effet que nous eussions joué à cette journée d'Eimbeck, si l'ordre en colonnes eût été toute notre ressource!

Continuons de démontrer le rapport des positions aux subsistances. Je viens de faire voir une armée obligée par le motif des subsistances, de faire plus que de s'allonger dans sa position, de s'y morceler, de s'y diviser, et ne se tirant de cette dangereuse crise que par l'habileté de son général. Je vais citer une autre armée prenant, relativement à ses subsistances, la position la plus extraordinaire, la plus hors des règles communes, la plus dangereuse en apparence, et au fond la plus judicieuse, la plus savante, et j'avancerai même, la plus sûre. En outre que cet exemple prouve plus qu'aucun autre, combien les positions ont de rapport avec les subsistances, il prouvera peut-être à M. de M..... D..... que le talent n'admet point de principes exclusifs; qu'il est ennemi des méthodes uniques; et que son véritable attribut est d'avoir des ressources et des combinaisons très-variées pour tous les terreins et pour tous les cas.

Cet exemple est du duc d'Orléans depuis

régent, lorsqu'il commandoit en 1708 l'armée Françoise en Catalogne. Il m'a toujours paru si curieux et si intéressant, que j'ai un véritable plaisir à le remettre sous les yeux du public. Ce trait ne peut pas faire lui seul, que le duc d'Orléans doive être regardé comme un grand homme de guerre, mais il confirme ce que l'histoire a dit de ce prince, qu'il étoit né avec du génie, et qu'il ne lui a manqué que des occasions : car, il n'y a qu'un homme de génie qui ait ainsi des pensées grandes et justes hors de la route battue par le vulgaire.

Le duc d'Orléans faisoit la guerre en Catalogne; et il avoit devant lui l'armée de l'archiduc, commandée par le comte de Stahremberg. Les opérations étoient finies, et il ne s'agissoit plus que de savoir qui, en se procurant le plus de subsistances, tiendroit le plus long-temps la campagne, et resteroit maître du pays. Telle étoit, selon l'histoire, la conjoncture dans laquelle se trouvoient les deux armées. Je vais, pour le trait en lui-même, copier ce qu'en dit Feuquières dans ses Mémoires. Il perdroit à n'être pas extrait littéralement, et je n'y ajouterai pour mon compte que le *plan* que j'ai fait, il y a quinze ans, de cette position, pour me mieux représenter un exemple qui m'avoit vivement frappé. Ceux de mes lecteurs à qui cet exemple paroîtra aussi intéressant qu'à moi, me sauront peut-être gré de mettre ce plan sous leurs yeux (1).

« Le duc d'Orléans étoit obligé de tirer » son pain de Balaguer, petite ville de Catalogne, avec la contrainte de ne pouvoir » s'en éloigner hors de la portée de faire » ses convois en un jour, par le manque » d'équipages pour les vivres. Il falloit aussi » qu'il se procurât assez de subsistances pour » sa cavalerie pour demeurer dans cette position plus long-temps que l'ennemi ne pourroit rester auprès de lui. Le comte de » Stahremberg étoit campé sur le Scio, à trois » lieues au-dessus du camp que le duc d'Orléans avoit résolu de prendre pour remplir » les deux objets ci-dessus.

» Il étoit donc question d'avoir les eaux du » Scio pour l'armée, les fourrages des deux » côtés de cette petite rivière pour la cavalerie, et en même temps de protéger les » convois de Balaguer, et de ne pas s'éloigner » de cette ville.

» Pour se donner tous ces avantages, le » duc d'Orléans imagina de mettre le cours » du Scio entre ses deux lignes, et de faire

(1) IV. Planche IV.

» tête aux deux plaines; d'un côté pour la » sûreté de ses convois, et de l'autre pour se » procurer plus de fourrages. Il porta pour cet » effet la droite de la première ligne à un » village qui étoit sur une hauteur, et fit » accommoder ce village, où il mit une bri- » gade d'infanterie, et la gauche de la seconde » ligne vis-à-vis de ce village, où il y avoit » un pont de pierre. Il fit en même temps » faire tout le long du ruisseau deux ponts par » bataillons, et autant par escadrons, pour » que les deux lignes pussent se communiquer » par les derrières de leur camp.

» Par cette position, on voit que l'armée » ne paroissoit présenter à l'ennemi que le flanc » droit de sa première ligne, et le flanc gauche » de la seconde.

» Si le duc d'Orléans avoit été obligé de » recevoir l'ennemi dans cette disposition, elle » auroit été très-mauvaise; mais il remédia à » cet inconvénient en se procurant un champ » de bataille des deux côtés du ruisseau.

» Il fit du village de sa droite comme le » point de sa droite et de sa gauche à la fois, » et trouva dans la disposition du pays, et » par les communications qu'il se procura, le » moyen de faire de ce village la droite du » front de son armée, en cas que l'ennemi

» vînt à lui par un côté de la petite rivière, » ou la gauche du même front, en cas qu'il » vînt par l'autre côté.

» Ainsi les deux flancs de la droite et de » la gauche, de la première et de la seconde » ligne, étant également couverts, il est évi- » dent que ce prince prenoit au besoin d'une » part ou d'autre son champ de bataille, par » une espèce de quart de conversion des extré- » mités éloignées de ce village, qui en faisoit » le pivot ».

Tout en admirant l'ingénieuse et audacieuse singularité de ce camp, ce quart de conversion inquiète cependant un peu Feuquières. Car il ajoute : « qu'il falloit que le pays fût » bien ouvert, pour être susceptible de l'a- » vantage de porter les troupes à ce champ » de bataille, par un mouvement aussi grand » que paroît devoir être celui de ce quart de » conversion du front entier d'une armée ». Aujourd'hui ce *grand et difficile* mouvement seroit regardé comme bien facile et bien simple. Ce seroit un changement de position rentrant dans la classe des marches. Mais aujourd'hui la Tactique est devenue manoeuvrière, et alors elle ne l'étoit pas. C'est ce qui fait qu'aujourd'hui un général habile peut, en fait de positions, s'étendre, se séparer, se hasarder enfin plus qu'on n'osoit le faire alors.

Un exemple tel que celui que je viens de citer, est rare sans doute; et il faudroit exactement la même conformité de circonstances pour le reproduire; mais d'autres circonstances différemment combinées, peuvent produire entre les mains d'un homme de talent, d'autres exemples qui seroient de même hors des règles communes. Mais l'exemple que j'ai cité précédemment de M. le maréchal de Broglie se renouvelle souvent; et il n'y a point de campagne, sur-tout quand elle commence de bonne heure ou qu'elle se prolonge, parce qu'alors les subsistances deviennent plus difficiles, qui ne produise de situations pareilles. Mais enfin journellement à la guerre on prend des positions étendues pour embrasser plus de pays, et on n'embrasse plus de pays que pour se procurer plus de moyens de subsister. Presque toutes les opérations roulent aujourd'hui sur cette grande base; et nourrir les armées qu'ils commandent, est devenu pour les généraux un des objets le plus important et le plus difficile.

Mais, dira M. de M.... D....., comment faisoient donc les anciens qui mettoient si peu d'importance aux positions? Comment faisoient sur-tout les Romains, qui campoient dans un ordre si resserré? Les Romains, encore une fois, avoient des armées moins nombreuses, et sur-tout moins surchargées d'embarras et d'attirail que les nôtres. Les Romains avoient peu de cavalerie. Les Romains avoient des méthodes de subsistances plus simples et moins consommatrices que les nôtres. On n'a qu'à se rappeler leurs distributions de grain en nature, leurs moulins à bras, leur extrême sobriété. Les camps des Romains, toujours retranchés, étoient des espèces de citadelles où ils avoient leurs magasins, leurs ateliers, leurs établissemens de tout genre. Ces camps, ils les changeoient rarement. Quand ils en sortoient, c'étoit pour combattre. Quand ils s'y renfermoient, ils y étoient en sûreté. Il n'y a point d'exemples dans l'histoire d'un camp Romain forcé, ni même attaqué. Aussi leur genre de guerre ne peut-il, sous aucun rapport, se comparer au nôtre. Je l'ai déjà dit, et je le répéterai tant que M. de M.... D..... l'exigera, les méthodes des Romains pouvoient, à beaucoup d'égards, valoir mieux que les nôtres. Leur constitution, leur éducation, leurs mœurs, étoient certainement plus militaires. Mais quand on ne veut pas se jeter dans des systêmes vagues et chimériques, quand on ne peut régénérer ni son siècle, ni sa nation, quand on veut penser et écrire pour être utile, il faut travailler d'après ce qui existe et ce qui peut exister. Il ne s'agit pas aujourd'hui de nourrir une armée Romaine, il s'agit de nourrir une armée moderne, et, qui plus est, une armée Françoise, avec tous ses inconvéniens.

M. de M.... D..... se rabattra-t-il, pour fonder l'apologie de son systême, sur les armées du siècle dernier, sur celles de Gustave, de Turenne, de Condé, enfin sur le temps où l'ordre habituel avoit plus de profondeur ; je lui répondrai que les positions de ces armées, proportion de nombre gardée, étoient tout aussi étendues que les nôtres. J'ai suivi, j'ai étudié sur les lieux beaucoup de ces positions, celles de Mercy aux environs de Fribourg, celles de Turenne et de Montécuculli dans leur fameuse campagne de 1675, celles du maréchal de Créqui dans sa belle défensive de la Sarre et de la Moselle. Ces positions sont toutes très-étendues par rapport aux armées qui les occupoient, si étendues, qu'on auroit de la peine à concevoir comment des armées aussi foibles pouvoient les garnir, si on ne se rappeloit que leurs bataillons et leurs escadrons qui étoient, à la vérité, les uns à huit, et ensuite à six de hauteur, et les autres à quatre, et ensuite à trois, se formoient en bataille en ligne, tant pleine que vide, et par conséquent avec des intervalles au moins égaux à leur front; que souvent ces armées n'avoient pour seconde ligne que des réserves, et qu'elles étendoient ainsi d'autant leur premièreligne. Les mêmes raisons que nous avons aujourd'hui, les forçoient de prendre des positions d'un grand développement. Mais, comme je l'ai déjà observé ci-dessus, cet allongement a moins d'inconvéniens maintenant qu'alors, et entre les mains d'un général habile, la perfection de la Tactique moderne les sauve presque tous.

Il reste bien des choses à dire sur les subsistances; mais l'objet de ce chapitre n'étoit de les envisager que sous un seul rapport, sous celui de l'extension des positions. Qu'il me soit permis d'inviter mes lecteurs à lire dans l'Essai général de Tactique, le chapitre où j'ai traité plus en détail cette importante partie.

CHAPITRE IV.

Autres grands obstacles au resserrement des positions et des ordres de bataille, tirés de la nature des opérations et des circonstances auxquelles les Armées sont assujéties.

Il ne suffit pas qu'une position soit susceptible de défense, et qu'elle favorise les subsistances de l'armée qui l'occupe. Il est d'autres grands objets qu'il faut qu'elle remplisse. Si l'on est sur la défensive, il faut tenir les débouchés ou les points par où l'ennemi pourroit embrasser les flancs, ou se porter sur les objets que l'on couvre. Si l'on est sur l'offensive, il faut tenir les débouchés par où l'on peut marcher à lui; il faut menacer les points qui l'intéressent; il faut enfin s'étendre pour l'embrasser, et pour l'obliger lui-même à s'étendre, et par-là à s'affoiblir.

Ces objets exigent presque toujours qu'une position ait un certain développement. Qu'importe en effet à l'ennemi, dans la supposition qu'il ait l'offensive, que vous occupiez la position la plus formidable en elle-même, s'il peut vous y laisser, et agir sur vos flancs? Que lui importera, s'il est sur la défensive, que vous teniez un seul débouché pour arriver à lui, s'il occupe tous les autres, et s'il peut ainsi vous opposer presque toutes ses forces sur un point ?

Or donc, il y a peu de ces positions uniques qui occupent à la fois beaucoup de points et peu d'espace ; on ne défend un pays qu'en s'étendant ; tout l'art est de s'étendre sans danger, de raccourcir cette étendue par des points habilement saisis, par des saillans heureusement choisis, qui dispensent d'occuper les intermédiaires. Tout l'art est quelquefois de savoir se mettre au centre d'une ligne de défense étendue, avec le projet et la possibilité bien calculée de tomber sur les flancs de l'ennemi s'il tente de la pénétrer. On n'attaque de même un pays, une position qu'en s'étendant. Tout l'art est aussi de s'étendre sans se mettre en prise, d'embrasser sans se désunir, de lier ses opérations ou ses attaques, de prendre des flancs sans le prêter, de donner échec enfin sans le recevoir. Voilà ce qu'on ne fera certainement ni en défensive, ni en offensive avec les principes de M. de M....D...., qui sont de se raccourcir toujours, de se resserrer toujours sur le centre; mais voilà ce qui exige aussi qu'un général ait la tête vaste, les pensées profondes, et le jugement rapide.

Cette grande manière de faire la guerre

n'est pas de nos jours seulement : le roi de Prusse l'a perfectionnée, l'a facilitée par sa Tactique. Mais le fonds, le génie de cette manière, si je puis m'exprimer ainsi, ont appartenu à tous les grands généraux du siècle dernier. Elle fut le partage de Turenne, de Condé, de Luxembourg. Elle fut celui de Créqui, qu'une seule campagne place immédiatement après eux, parce que cette campagne a été sublime, et que, dans toute espèce de science, ce qui doit assigner le premier rang à un homme, c'est, ce me semble, de s'être élevé une fois au plus haut degré de l'art.

On m'a accusé, car de quoi la prévention n'est-elle pas capable? d'avoir parlé légèrement des généraux du siècle de Louis XIV. Avec cette calomnie étayée de lieux communs sur ma jeunesse, sur mon audace, sur mon amour-propre, c'en étoit bien assez pour indisposer contre moi ceux qui ne lisent pas, ou qui lisent sans entendre. Le fait est que j'ai osé dire que Villars avoit été plus heureux que grand; que Vendôme, Catinat, Bervick, et, de nos jours, le maréchal de Saxe, étoient dans la classe des généraux du second ordre; que jusqu'au roi de Prusse aucun général moderne n'avoit été Tacticien. Mais relativement aux autres grandes parties de la guerre, qui plus que moi s'est prosterné devant la gloire et les talens de Turenne et de Luxembourg? Je ne me suis point borné à ce stérile hommage. J'ai suivi, j'ai étudié, j'ai médité de mon mieux leurs immortelles campagnes; j'y ai puisé la théorie que j'expose; j'y ai vu que la manière du roi de Prusse et celle de ces grands hommes étoit au fond la même; que ce premier avoit seulement perfectionné deux choses; savoir, les troupes comme instrumens, et les manoeuvres comme moyens.

J'ai vu Turenne, dans cette glorieuse campagne qui termina sa vie, faire pendant six semaines, vis-à-vis de Montécuculli, une guerre de positions et de mouvemens, une guerre tout-à-fait semblable à celle que feroient aujourd'hui des généraux du même ordre avec la Tactique moderne. Il commandoit une armée de 26000 hommes, et Montécuculli en avoit une de 30000. Montécuculli, par cette supériorité, avoit donc l'offensive; il cherchoit à passer le Rhin et à pénétrer en Alsace. Strasbourg, alors ville impériale, penchoit ouvertement pour lui, et elle lui offroit un débouché facile. Que fait Turenne? Au lieu de suivre la routine ordinaire, qui est de disputer le passage du fleuve qu'on veut défendre; routine qui semble bien excusable, quand ce fleuve est une barrière aussi imposante que le Rhin ; il le passe lui-même ; il se place ensuite entre Strasbourg, qu'il laisse à quatre lieues sur sa gauche, et ses ponts qu'il fait remonter à Altenhein, et qu'il établit ainsi à quatre lieues de sa droite, détachant seulement un corps pour les couvrir. Entre le Rhin et Montécuculli coule la Schutter, petite rivière très-encaissée, très-profonde, et soumise presque toujours à des hauteurs qui sont du côté de l'Alsace. Turenne fait de cette petite rivière sa ligne de défense ; il a observé que cette rivière coule toujours circulairement, en sorte que l'arc est du côté de Montécuculli, et qu'il en occupe la corde. Ainsi, soit que Montécuculli veuille se porter sur Strasbourg, soit qu'il veuille marcher sur ses ponts, il faut qu'il la passe. C'est sur cette heureuse nature de pays, mais dont un génie comme le sien pouvoit seul saisir les avantages, qu'il fonde sa défensive. Il a le Rhin derrière lui ; mais que lui importe le Rhin, si, au moyen de l'obstacle invincible qu'il a sur son front, il n'est pas dans le cas de combattre dans cette position? Montécuculli tentera-t-il de passer le Rhin au-dessus ou au-dessous de lui? Alors il marche à lui et l'attaque au passage ; ou bien il prend sa défensive dans un autre sens, appuyant sa droite ou sa gauche au Rhin, et son autre aile à cette même Schutter qu'il a devant lui. C'est donc dans cet étroit théâtre, qui a au plus huit ou dix lieues de long sur quatre ou cinq de large, que ces deux grands hommes déploient pendant cinq semaines toutes les ressources de l'art. Plusieurs fois Montécuculli essaie de surprendre le passage de la Schutter. Turenne, ayant toujours le plus court chemin, ne fait que se prolonger sur sa ligne de défense, et se présentant devant lui, l'empêche d'exécuter ce passage. Une fois la tête du corps de M. de Lorges, qui, détaché sur la droite de Turenne, couvroit les ponts d'Altenhein, est poussée par Montécuculli, et il se dispose à forcer le passage de la Schutter. Turenne accourt, et Montécuculli est obligé de se replier. Montécuculli, las d'avoir devant lui cette éternelle barrière, abandonne la partie et descend le Rhin. Turenne le suit, le côtoye, se mettant toujours entre le Rhin et lui. La Renchen, autre petite rivière, devient sa nouvelle ligne de défense. Les deux armées passent encore quinze jours dans cette position. Enfin, Turenne prend à son tour l'offensive : il en a trouvé l'occasion et le moment. Montécuculli est fatigué de marches et de contre-marches; il a par-tout tenté sans succès, et la supériorité d'opérations a passé par-là du côté de son ennemi. Turenne découvre un gué sur la Renchen, qui est à deux lieues de sa droite. Il part avec sa seconde ligne à l'entrée de la nuit, passe la Renchen, et prend une position sur le flanc de Montécuculli. Montécuculli n'est informé de ce mouvement qu'au jour; et le camp tout entier de Turenne, qu'il voit encore devant lui, le tient dans l'incertitude. Il n'en sort que quand il voit ce camp se détendre et toute la première ligne, marchant par sa droite pour venir passer la Renchen, et se porter à l'appui de Turenne. Il marche lui-même; mais les mouvemens de Turenne ont été combinés avec tant de précision, que son armée entière est formée dans sa nouvelle position avant que Montécuculli soit en mesure de l'attaquer. De-là Turenne fait reculer devant lui Montécuculli. Enfin, les deux armées se trouvent en présence auprès du village de Saspach. Là, Turenne est tué, en s'avançant sur une hauteur pour reconnoître l'ennemi et pour faire placer une batterie. Là, s'élève la matière du plus intéressant problême militaire qui existe. Que comptoit faire Turenne? Vouloit-il attaquer Montécuculli, ou vouloit-il seulement recevoir le combat? Avoit-il dit, un moment avant sa mort, ce fameux mot, déposé par plusieurs Historiens : *enfin je le tiens ;* mot étonnant dans la bouche d'un homme aussi prudent et aussi renfermé que Turenne, et qui, s'il est vrai, n'a dû lui échapper que d'après une conviction intime de la supériorité de sa position sur celle de Montécuculli ? En tout cas, et cela devoit être, son secret périt avec lui. Le conseil de guerre qui s'assembla immédiatement après sa mort, opina qu'il falloit se retirer et repasser le Rhin. Aujourd'hui tous les officiers qui vont reconnoître cette intéressante position, ne savent comment expliquer ce mot ; et en cas qu'il soit fabuleux, comment juger du moins ce qui alloit se passer. C'est aux grands généraux seuls, c'est aux génies du premier ordre qu'il appartiendroit de deviner les dernières pensées de Turenne, et de renouer le fil de ses projets. Il est permis aux autres hommes d'y exercer leur imagination ; mais sous peine d'un orgueil ridicule, il leur est défendu d'en publier le résultat.

J'ai suivi toutes les positions de Turenne et de Montécuculli dans cette mémorable campagne, et je les ai toutes vues beaucoup plus étendues que ne le prescrivent les principes de M. de M.... D..... Je les ai toutes vues telles que leurs armées ne pouvoient les garnir qu'en se rangeant dans un ordre tant plein que vide ; c'est-à-dire, par conséquent, en ayant entre les bataillons et escadrons des intervalles égaux à leurs fronts; ce qui revient à l'étendue de notre ordre moderne, sans en avoir les avantages et la solidité. A Saspach nommément, les deux positions ont plus d'une forte demi-lieue de front, et c'étoient des armées de vingt mille combattans.

J'ai suivi une partie des campemens du maréchal de Créqui, dans sa belle campagne de 1677, et j'ai vu ses positions presque toujours conformes aux principes actuels. J'ai vu qu'il s'étendoit pour s'opposer et pour couvrir ; que son armée occupoit presque toujours des terreins immenses, par proportion au front qu'elle auroit eu dans une plaine, ou dans les hypothèses chimériques du cabinet. J'ai vu que la science du maréchal de Créqui étoit, du plus au moins, celle que les armées Autrichiennes ont dû employer dans la dernière campagne contre le roi de Prusse, puisqu'avec une ligne de défense d'un immense développement, elles ont couvert la Bohême, réduit le roi de Prusse à ne pas oser la percer, et à consumer toute la campagne en mouvemens, sans combat.

J'ai suivi les campagnes du maréchal de Luxembourg (ce grand homme est le général du siècle dernier qui a commandé les plus grandes armées, et qui les a le mieux et le plus habilement remuées), et j'ai vu que son offensive consistoit, comme celle du roi de Prusse, à déborder, à tourner, et par conséquent à s'étendre. J'ai vu la bataille de Fleurus, donnée sur les principes de celle de Lissa. J'ai vu Luxembourg marcher, se camper, et combattre toujours sur de grands fronts. Toute la différence qu'il y a de ces temps aux nôtres, c'est qu'aujourd'hui, par la Tactique moderne, les dispositions, les mouvemens, les moyens d'exécution enfin, seroient plus faciles, plus prompts, et mieux entendus; c'est qu'aujourd'hui, par exemple, on ne seroit pas forcé d'arriver et de former sa disposition la veille, pour attaquer le lendemain, ainsi que Luxembourg le fit à Nerwinden. Marcher, arriver, menacer l'ennemi sur un point, l'attaquer sur un autre; prendre son ordre de bataille relativement au moment, au terrein, et à la circonstance; faire, en un mot, ce que le roi de Prusse a fait à Lissa, voilà ce que Luxembourg eût fait aussi de son temps, si à son génie il eût joint les lumières et les connoissances du nôtre.

Je m'applaudis d'avoir trouvé dans ce chapitre une occasion de consigner ma profession de respect et d'admiration pour les plus grands capitaines que la France ait eus ; pour des hommes dont on a dit que j'avois cherché à rabaisser la gloire, en leur opposant sans cesse le roi de Prusse. C'eût été bien mal-adroitement louer ce prince, que de médire des réputations qu'il a lui-même consacrées dans ses ouvrages. De toutes les calomnies qu'on m'a intentées, c'est une de celles que j'avois le plus à cœur de repousser ; elle attaquoit à la fois mon discernement et mon patriotisme. Je ne pardonne aux ennemis qu'elle m'a pu faire, que de n'avoir pas pris la peine de me juger dans mon ouvrage même; car d'ailleurs il est bien naturel de s'indisposer contre un homme qui attaque les objets d'un culte aussi justement fondé.

CHAPITRE V.

Système de M. de M.... D... considéré par rapport aux marches et aux ordres de marche.

J'AI démontré, en examinant la partie élémentaire du système de M. de M.... D...., combien sa colonne, adoptée aux marches, étoit défectueuse, incommode, et sujette à inconvéniens. Il me reste à prouver ici, que l'ensemble de son systême est encore moins favorable que ses détails, à cette importante partie de la guerre.

Les marches sont nécessairement liées aux positions et aux ordres de bataille. Elles tiennent aux positions, puisqu'elles ne sont en quelque sorte que le transport de l'armée d'une position dans une autre. Elles tiennent aux ordres de bataille, puisque ce sont elles qui les préparent et qui y conduisent. Ceci a besoin d'être plus amplement développé.

Pour qu'une marche d'armée (j'entends ici une marche manœuvrière, c'est-à-dire, une marche faite à portée de l'ennemi, et avec la possibilité d'être attaqué pendant qu'elle s'exécute) soit conduite suivant les principes de l'art, il faut qu'en partant du camp ou de la position qu'elle occupe, elle transporte l'armée sur un front à peu près semblable à celui qu'elle occupoit vers le camp ou la position qu'elle se propose de prendre.

Ainsi, si la marche est une marche de front, c'est-à-dire, que l'armée doive occuper une position parallèle, ou à peu près parallèle à celle qu'elle occupoit; il faut que les colonnes ayent entre elles les distances nécessaires pour se mettre en bataille, et que l'intervalle du front de la marche soit égal au front éventuel de l'ordre de bataille. La nature du pays, les obstacles qu'elle produit, peuvent souvent apporter des modifications à ce principe. Ici, des colonnes peuvent être obligées de s'éloigner; là, de se resserrer; ailleurs de se doubler, etc. Mais le pays venant à se rouvrir, les obstacles étant passés, il faut que la marche rentre dans le principe établi ci-dessus. Tels doivent être enfin l'ordre primitif et habituel de la marche, et l'objet qu'auront en vue les officiers chargés de la reconnoissance et de l'ouverture de la marche.

Ainsi, par la même raison, si la marche est une marche de flanc, c'est-à-dire, que l'armée marche parallèlement à l'ennemi, et que par conséquent la position ou le camp qu'elle va occuper doive être sur le prolongement de la position ou du camp qu'elle occupoit; il faut au contraire de la supposition précédente, que les colonnes marchent le plus rapprochées qu'il est possible, de manière que par un à droite ou un à gauche, l'armée puisse se mettre en bataille. C'est alors le cas de marcher par ligne, ou par moitié de ligne au plus. Le pays peut encore contrairer cette disposition; mais toutes les fois qu'il le permet il faut y revenir, et la marche doit être ouverte en conséquence.

Indépendamment de cela, il faut que dans l'espace de la marche, entre la position qu'on quitte et celle qu'on va prendre, l'armée ait une ou plusieurs positions reconnues à l'avance, qu'elle puisse atteindre et occuper, si l'ennemi se porte inopinément sur elle pour l'attaquer. Il faut donc, toutes les fois que le pays le permet, que les colonnes puissent se communiquer librement. Il le faut sur-tout, en approchant de ces positions éventuelles; et pour cet effet, il faut que les officiers, chargés de l'ouverture des marches, ayent fait pratiquer des communications transversales de la droite à la gauche de la marche.

Je ne m'étendrai pas davantage ici sur ces principes, parce que je ne pourrois que répéter ce que j'ai développé dans mon Essai général de Tactique. Il faut aller à mon objet, qui est d'examiner le système de M. de M.... D...., relativement aux marches d'armée.

Les marches étant intimement liées aux positions; les positions dictant nécessairement les ordres de bataille, et ayant presque toujours besoin d'être étendues au lieu d'être raccourcies, ainsi que le prétend M. de M.... D....., comment son système peut-il cadrer avec les véritables principes des marches d'armées? Quoi! la nature du pays, les grands objets de la guerre l'auront forcé de quitter son ordre habituel, ou du moins d'étendre sa position, et il prétendra se resserrer avant de se mettre en marche, et marcher ainsi resserré! Mais dans lecours de sa marche il sera obligé de prendre inopinément une position pour faire face à l'ennemi. Mais, en arrivant au terme de sa marche, la position qu'il prendra lui imposera encore nécessairement l'obligation de s'étendre. Il faudra donc de nouveau qu'il s'élargisse. Quel incommode système que celui qui porte ainsi sur de fausses bases! Il faut alors flotter de variation en variation et d'erreur en erreur.

Le camp de Bayeux nous a démontré ces inconvéniens. Chaque fois que l'armée marchoit, il falloit commencer par la resserrer, les bataillons sur le centre des régimens, les régimens sur le centre des brigades, et les brigades sur le centre des divisions. Enfin, avant que les jumelles fussent formées, on avoit perdu une grande heure à manœuvrer, ou plutôt à *piétiner* en avant des faisceaux. Une armée, se mettant en marche par les moyens de la Tactique actuelle, n'eût fait au lieu de cela, que former ses colonnes par la droite ou par la gauche, et déboucher en avant ou en arrière de son front, le tout sans manœuvre préliminaire, sans embarras, sans difficulté; ses colonnes ayant à-peu-près leurs distances nécessaires, ou les prenant insensiblement par la direction des chemins qui leur auroient été ouverts, marchant dès le premier mouvement du même pas qu'elles auroient conservé dans toute la marche, c'est-à-dire, d'un pas libre et naturel, sans pas de manœuvre, sans pas de course, sortes de pas qui, comme je l'ai déjà dit, ne sont bons à employer que dans des circonstances forcées, ou dans des mouvemens courts et partiels, mais jamais dans des manœuvres d'armée, et dans des mouvemens généraux, et sur-tout à la guerre, où le soldat est chargé et a besoin qu'on ménage ses forces. Elle eût fait une lieue enfin, pendant le temps que celle de M. de M.... D..... consume, à la tête de son camp, en mouvemens préparatoires et inutiles.

Mais supposons l'armée de M. de M.... D.... hors des gardes du camp (je ne parle point ici des inconvéniens de son systême, relativement aux grands objets), le moindre obstacle rallentit ses colonnes, le moindre défilé devient pour elle une manœuvre. Obligées à des mouvemens intérieurs de doublemens et de dédoublemens, comme elles n'ont point dans leur organisation les distances nécessaires pour ces mouvemens, je vois ses colonnes entières forcées de s'arrêter jusqu'à ce qu'ils soient finis de la tête à la queue. Au lieu de cela l'armée en marche, suivant les principes actuels, va toujours du même mouvement et du même pas; rien n'est obstacle pour elle; un défilé ne fait courir ni n'arrête aucune de ses parties; jamais une de ses colonnes n'a besoin de faire halte par rapport à ses mouvemens individuels; elle ne peut y être forcée que par des ordres particuliers, relatifs aux vues du général, ou pour se combiner avec les colonnes voisines.

Arrivée à la position ou au camp qu'on va prendre, cette armée y entre et s'y forme encore sans embarras. Est-ce simplement un camp qu'il soit question d'occuper? elle y entre toujours du même pas, se prolongeant sur le front de bandière, ne manœuvrant point enfin; l'entrée dans le camp n'est pour elle que le moment du repos et la fin de la marche. Est-ce une position importante et devant l'ennemi qu'il faille occuper? Comme les premiers points qu'il faut atteindre et garnir sont presque toujours ceux auxquels les ailes doivent être appuyées, parce que c'est toujours là que l'ennemi cherche à prévenir ou à attaquer, les colonnes extérieures se dirigent sur les flancs de la position. Veut-on déborder l'ennemi? On déploie en dehors toutes ses colonnes. Tous ces mouvemens sont simples et faciles, avec des colonnes formées par les ailes.

Qu'on se rappelle au lieu de cela les colonnes de M. de M..... D...., telles qu'on les a vues au camp de Bayeux, embarrassées seulement de rentrer dans le camp, c'est-à-dire, du mouvement le plus simple et le plus facile, et obligées pour cela de manœuvrer. On observera ensuite qu'à la guerre cela leur sera bien plus embarrassant encore; car à la guerre il est bien question de manœuvrer en pareil cas; il s'agit d'entrer dans son camp par le plus court chemin. Or ce chemin ne se trouve pas toujours devant le front. Il faut quelquefois passer par les intervalles des bataillons, au milieu des embarras d'un camp qui se marque et qui s'établit. Il faut ménager les fourrages et les grains qui se trouvent sur le terrein du camp. Pour cela les bataillons entrent souvent dans le camp par le flanc, s'allongent devant leur front de bandière, et ne s'ouvrent ainsi qu'un sentier. Qu'on se figure les jumelles de M. de M... D... en pareille circonstance, le temps, l'espace et les combinaisons qu'il faut pour décomposer ces machines. Et si c'est un champ de bataille qu'il s'agisse de prendre, et dont il soit important d'occuper promptement les points des ailes, parce que l'ennemi tenteroit d'y prévenir l'armée; autres embarras, autres lenteurs, autres contre-marches, autres inversions. L'officier le plus rompu à remuer les troupes dans ce systême, s'y trouvera empêtré. Nous l'avons vu au camp de Bayeux; c'étoient des officiers choisis, les adeptes du systême, qui dirigeoient les manœuvres de chaque colonne, et jamais on n'a vu tant de pesanteur, de confusion, et de faux mouvemens. C'en est assez; car je retomberois dans le recensement des défauts intrinsèques du systême de M. de M.... D...., et je ne l'examine ici que sous les rapports généraux.

Je n'ai point épuisé les grandes raisons que la science des marches fournit contre le systême de M. de M.... D..... En voici une tirée du mémoire de M. le chevalier de Chatelux, qui m'a paru à la fois neuve et importante. Si la position dans laquelle on campe a pour objet de couvrir une place, un pays, des magasins, etc., et que les mouvemens de l'ennemi obligent à prendre une nouvelle position, soit en avant, soit en arrière, dans laquelle il faille toujours remplir le même objet, ce cas est très-fréquent à la guerre, il faut que la marche continue de couvrir les mêmes points. Pour cela donc il est nécessaire que le développement du front de la marche soit autant qu'il est possible parallèle à la position qu'on quitte, souvent même plus excentrique, mais plus ou moins, suivant la nature du pays, et toujours telle que l'ennemi ne puisse dépasser les flancs de l'armée, et marcher sur ses derrières, et par conséquent sur les points qu'elle couvre, sans la rencontrer, et sans être forcé de la combattre.

Ce principe si justement établi par M. le chevalier de Chatelux, me paroît devoir être étendu aux marches de flanc, quand elles se font dans la même circonstance. Ainsi, lorsque les deux armées sont en mouvement parallèle, l'une avec l'objet de garder sa ligne de défense et de couvrir les points qui l'intéressent, et celle de l'ennemi avec l'objet de la pénétrer, il faut que l'ordre de marche de cette première soit toujours, autant qu'il se pourra, relatif en étendue, à l'étendue habituelle de son front de bataille, et à l'allongement de l'ennemi; en sorte que ce dernier ne puisse dépasser les flancs de l'armée défensive, et pénétrer sa ligne de défense, sans la trouver devant lui, et sans être réduit à la combattre.

Si les marches défensives ont presque toujours besoin d'un développement proportionné aux positions, les marches offensives doivent occuper encore de plus grands espaces; car leur objet étant toujours d'embrasser, d'attaquer, de tourner, cela ne peut se faire qu'en se dirigeant sur un grand nombre de points à la fois.

Ainsi, quand M. le maréchal de Broglie voulut déposter le prince Ferdinand du camp de Sachsenhausen, près de Corbach, son mouvement avoit cinq grandes lieues de développement. Ce fut en menaçant le prince Ferdinand sur son front, tandis qu'il inquiétoit son flanc gauche par le corps de M. le comte de Lusace, et qu'il tournoit plus décisivement son flanc droit par le corps de M. le comte du Muy, et par plusieurs autres gros détachemens, qu'il lui fit abandonner cette importante position.

Ainsi nous avons vu au camp de Vaussieux, dans la seule manoeuvre de grand genre qui se soit faite, le passage de la Seule qui étoit supposée défendue par l'ennemi, s'exécuter, non sur quatre colonnes rapprochées et resserrées suivant les principes de M. de M.... D...., mais sur quatre colonnes qui embrassoient depuis leur droite jusqu'à leur gauche, les points de Creuilli, de Saint-Gabriel, des Mares et de Vienne (1), ce qui fait plus de cinq quarts de lieue. L'armée n'étoit cependant que de 32 bataillons; et, si l'ennemi eût dû réellement

(1) Voyez la Carte des environs du Camp.

défendre le passage de la Seule, il est apparent que les colonnes de gauche qui passèrent à Vienne, et qui étoient destinées à tourner son flanc droit, eussent encore pris leur tour de plus loin, et passé une ou deux lieues au-dessus, afin de dérober leur marche à l'ennemi, qui, de sa position, découvroit trop le point de Vienne, et par conséquent l'effort qu'on alloit faire sur lui.

M. de M.... D.... posera donc en vain le principe, qu'il faut se resserrer sur le centre, attaquer par le centre, tenir moins d'espace afin de rassembler plus de force dans un point; la pratique sera toujours opposée à sa théorie. Les marches de guerre, étant toujours faites pour conduire à des positions ou à des dispositions de combat, seront obligées d'être étendues comme elles. M. le Maréchal en a lui-même fourni la démonstration dans toutes ses grandes opérations de la guerre dernière. Il l'a renouvelée au camp de Vaussieux, et il la renouvellera toutes les fois qu'il s'agira de guerre ou de manoeuvres qui y ressemblent.

CHAPITRE VI.

Examen du systême de M. de M.... D..., relativement aux grandes manœuvres et aux mouvemens d'armée.

Je ne m'attacherai point à suivre M. de M.... D..... dans les différentes manœuvres ou évolutions d'armée qu'il propose dans ses Ouvrages. Cette tâche est au-dessus de mes forces, et je fatiguerois mes lecteurs sans leur fournir de nouvelles lumières sur le fond du systême de M. de M... D..., toutes ces manœuvres étant ou inutiles ou impraticables à la guerre, et partant toutes d'une fausse base. C'est ce qu'on jugera par le compte sommaire que je vais rendre de celles qui se sont faites au camp de Bayeux.

L'armée après avoir, ainsi que je l'ai dit dans le chapitre précédent, passé une heure à se former, à se resserrer sur le centre, etc. etc. s'ébranloit enfin pour manœuvrer: première invraisemblance; car une armée n'a pas besoin de dispositions préliminaires pour manœuvrer, ou, pour mieux dire, une armée ne manœuvre pas. Tous ses mouvemens ne peuvent jamais être que de simples marches. C'est ce que je prouverai dans la suite de ce Chapitre.

Les manoeuvres générales de l'armée s'exécutoient toujours à la voix ; le lieutenant-général commandant les quatre divisions d'infanterie sé plaçant au centre, et ses commandemens étant répétés par chaque lieutenant-général de division, lequel les répétoit à ses maréchaux-de-camp, etc. etc. Seconde invraisemblance ; je la prouverai, en opposant ci-après à cette manière, la seule méthode, qui, je crois, puisse être admise, quand on veut que les manoeuvres des camps de paix ressemblent à ce qui se fait à la guerre.

L'armée changeoit de front en entier, et ordinairement sur le terrein même de sa position. Ces changemens de front ou de position qui étoient les manoeuvres habituelles, sont en effet le grand moyen que M. de M.... D.... propose dans ses Ouvrages, *pour*, dit il, *varier la disposition même en arrivant sur l'ennemi, renforcer des parties de lignes, en refuser d'autres, éviter des terreins trop difficiles ou trop défendus, s'attacher aux points convenables, passer de l'ordre parallèle au perpendiculaire, etc. etc.* Ils s'exécutoient tous à la voix par des évolutions et par des évolutions compassées, calculées, arrangées à l'avance, le tout avec une lenteur, un tâtonnement dans les directions, les distances, les alignemens dont il est difficile de se faire une idée. Troisième invraisemblance. Nous la démontrerons de même ci-après.

On marchoit quelquefois une ou deux lieues, toujours en pleine manoeuvre, souvent en ligne de colonnes, et par conséquent alors beaucoup plus lentement et plus difficilement que ne l'auroit fait une ligne déployée, si, ce qui est évidemment contre les principes de la Tactique moderne, elle se fût avisée de le tenter. Quand on marchoit ainsi en ligne de colonnes, on s'arrêtoit sans cesse pour raligner, pour raccorder ces petites masses, qui, dans l'immensité de la plaine, ne paroissoient jamais que des points, et perdoient continuellement l'alignement, la direction et les intervalles. De-là l'armée faisoit halte. On supposoit un obstacle. On déployoit la moitié de la ligne derrière cet obstacle. On faisoit beaucoup de feu; ensuite on faisoit le passage de lignes; la seconde remplaçoit la première, et le feu continuoit. Deux fois seulement on a formé une espèce d'ordre *perpendiculaire sur le centre*. C'est ainsi du moins que nous croyons pouvoir l'appeler, par l'analogie que nous lui avons trouvée avec quelques planches des Fragmens de Tactique. C'est dans cette manoeuvre qu'on a employé la cavalerie à l'usage proposé par M. de M.... D...., savoir, à soutenir l'infanterie, et à charger par les intervalles des colonnes. Toutes les autres fois, soit que son petit nombre ne permît pas d'en tirer un parti plus décisif, soit que par une suite du système de M. de M... D... l'infanterie doive être en effet toujours l'arme agissante et principale, la cavalerie est toujours restée passive et presque hors d'œuvre dans les manoeuvres du corps de l'armée, et elle les a suivies plutôt qu'elle n'y a concouru.

Telles ont été les manoeuvres qu'on a constamment répétées au camp de Bayeux. Je n'en ferai point d'autre analyse. Elles ne sont pas la dixième partie de celles proposées par M. de M.... D.... dans ses Fragmens de Tactique. Je ne les combattrai toutes que par un seul argument; c'est qu'une armée ne doit jamais faire de mouvemens par des manoeuvres, et que tous les mouvemens d'une armée rentrent dans la classe des marches, et ne peuvent s'exécuter que par elles. Ce principe, dont j'ai ébauché l'exposition dans la première partie de cet Ouvrage, en parlant des changemens de front et de position, a besoin d'être plus amplement développé.

Un bataillon, un régiment, une brigade, deux brigades au plus peuvent être dans le cas de changer de front pour faire face à un flanc découvert, ou à un mouvement inopiné de l'ennemi, et ce changement de front ou de position peut s'exécuter par une manœuvre. Mais toutes les fois qu'il s'agit de plus grands corps, d'une armée, à plus forte raison, il n'est plus question de manœuvres, et tous les changemens de front ou de position doivent s'exécuter par des marches.

Quelle différence, me dira-t-on, prétends-je mettre ici entre un mouvement exécuté par une manœuvre, ou un mouvement exécuté par une marche? Une grande, une essentielle; c'est qu'une manœuvre est un mouvement instantané qui peut se commander à la voix, qui agit dans un petit espace, qui s'exécute avec une sorte de précision mécanique et qui par conséquent tient tous les individus qui y concourent dans un état d'attention toujours un peu forcé et par conséquent pénible. Une marche au contraire est un mouvement de longue haleine, par lequel on parcourt de plus grands espaces, qui ne se commande pas à la voix, mais qui se dirige seulement par un chemin reconnu, ou vers un point donné; un mouvement enfin qui a besoin de plus d'aisance et de liberté, parce qu'il doit durer plus long-temps.

Ainsi tous les mouvemens d'un bataillon, d'un régiment, d'une brigade, quand ils se font dans un espace circonscrit de temps et de terrein, peuvent s'exécuter par des manoeuvres. Tous les mouvemens d'un grand corps et d'une armée, ne pouvant, au lieu de cela, être relatifs qu'à de grands espaces de temps et de terreins, doivent nécessairement s'exécuter par des marches.

Un bataillon, un régiment, un petit corps, peuvent changer de front ou de position en faisant passer la nouvelle ligne de direction par tel ou tel point donné, des parties qui le composent; et ce mouvement, toujours très-court et très-rapide, doit s'exécuter par une manœuvre. Mais une armée ne change point ordinairement de front sur la place qu'elle occupe, et en faisant de même passer la direction de sa nouvelle ligne de front par tel ou tel bataillon de son ordre de bataille. Quand une armée change de front, c'est pour prendre une position nouvelle, et cette position, il est bien rare, pour ne pas dire impossible, qu'elle puisse la trouver en manœuvrant ainsi sur elle-même, et dans son ancien champ de bataille. Tout changement *de front* ou *de position*, ce qui me paroît pour une armée un synonyme presque absolu, étant par conséquent un grand mouvement, ne peut s'exécuter que par des colonnes de marche, et rentre évidemment dans la classe des marches.

Il résulte de-là qu'une armée n'est jamais dans le cas d'exécuter de manoeuvres proprement dites; ou, pour parler plus exactement, que toutes ses manoeuvres se réduisent à des marches et ne sont que des marches. Sera-t-elle à portée de l'ennemi, en présence de l'ennemi? ces marches se feront avec plus de précaution; c'est-à-dire que ses colonnes marcheront plus serrées et plus en mesure de se mettre en bataille, qu'elles observeront leurs intervalles avec plus de précision, etc.; mais son mouvement n'en sera pas moins une simple marche.

Il résulte de-là que, quand notre ordonnance indique des manoeuvres de changemens de front ou de positions, ces manoeuvres ont leur utilité pour un ou deux bataillons, régimens, ou brigades au plus, mais qu'il ne faut point les adapter à de grands corps, et à plus forte raison à des armées: car voilà où l'analogie ne peut plus exister; et où ces manoeuvres deviennent de vrais jeux d'enfans, dont la guerre ne peut jamais fournir d'application.

M. de M.... D..... se trompe donc, s'il croit

qu'une armée conduite selon les véritables principes de la Tactique moderne, changera de front ou de position par les manoeuvres indiquées dans l'ordonnance. Ces manoeuvres, encore une fois, ne sont applicables qu'à de petites portions de la ligne ou de l'ordre de bataille, telles qu'à un bataillon, un régiment, une ou deux brigades au plus. Jamais une armée ne se remuera que par de simples colonnes de marche. Si elle change de front, ce sera pour prendre une position nouvelle; et ce transport d'une position à l'autre ne sera qu'une marche.

M. de M.... D..... se trompe, quand il fait manoeuvrer une armée autrement que par des marches; quand il la met en disposition de manoeuvre, dès sa sortie du camp; quand il la tient en pleine manoeuvre pendant des heures et des lieues entières; quand il la fait marcher aussi des heures et des lieues entières en ligne de colonnes; quand il prétend faire exécuter tous ses mouvemens à la voix, et comme on feroit sur une esplanade, et avec les petits moyens d'alignement et de direction par des fanions, qui ne sont bons que pour des manoeuvres partielles, et non pour des mouvemens qui se font avec une grande quantité de troupes, et dans de grands espaces.

M. de M.... D..... veut-il se faire une idée de la manière dont doit manoeuvrer une armée suivant les véritables principes de la Tactique moderne ? Voici en peu de mots quelle seroit cette manière.

Toutes les manoeuvres de l'armée s'exécuteront par des marches, et ne seront jamais que des marches. Les ordres de marche se prendront avec la plus grande célérité et la plus grande simplicité ; chaque division formant sa colonne, si c'est une marche de front ; et chaque ligne, ou chaque moitié de ligne, si c'est une marche de flanc. Se mettre en bataille à la tête du camp, de-là se former en colonne de marche par la droite ou par la gauche suivant la situation du chemin qu'on doit suivre, marcher enfin ; tout cela se fait sans dispositions préparatoires, sans appareil, sans manoeuvres, sans commandemens généraux à la voix ; en sorte que toute l'armée est déjà hors de son camp et en pleine marche, tandis que celle de M. de M.... D..... fait encore ses mouvemens préliminaires pour se resserrer sur le centre.

L'armée une fois en pleine marche, elle la continuera toujours d'un mouvement égal et uniforme, sans que les défilés, les obstacles obligent aucune de ses parties à manoeuvrer, et sur-tout à s'arrêter. Arrive-t-on à la position, au camp qu'on veut occuper? J'ai dit ailleurs comment et avec quelle facilité on y entroit. Aucun terrein, aucune circonstance n'embarrasse, ne rallentit, ne retarde un moment les troupes. Jusqu'au moment où elles se prolongent sur la nouvelle ligne pour s'y mettre en bataille, ou se serrent pour déployer, il n'y a point de manœuvre pour elles, et elles ne font que continuer la marche. Doit-on prendre un ordre de bataille qui ne soit pas analogue à l'ordre de marche, et qui soit relatif au terrein et aux dispositions de l'ennemi? Alors ces changemens, ces combinaisons nouvelles se font en avançant ou en retardant des colonnes, en les dirigeant sur tel ou tel point, en renforçant les unes par les autres, en employant sur-tout à ce dernier objet, d'abord l'avant-garde, et ensuite les parties de colonnes destinées à former la seconde ligne, ou les réserves. Tout ce mécanisme intérieur est développé dans l'Essai général de Tactique, et on me permettra d'y renvoyer.

A l'égard des changemens de front ou de position, j'ai démontré qu'ils ne devoient jamais s'exécuter que par de simples marches. Si le changement de front part de l'ordre de marche, alors il s'exécute par un simple changement de direction dans la marche des colonnes ; s'il part d'une position prise, ou d'un ordre de bataille formé, il n'est encore qu'une simple marche exécutée avec plus ou moins de précaution, suivant la proximité de l'ennemi.

Tout l'art des mouvemens ou des grandes manœuvres d'armée réside dans la tête du général. C'est en sachant remuer ses colonnes de marche qu'il arrive à tout. Mais pour cela il faut qu'il les tienne dans sa main ; et ce que j'appelle les tenir dans sa main, ce n'est pas de se placer au milieu d'elles, ou immédiatement à leur tête, les manœuvrant à la voix ou par les moyens de détail d'un officier-major ; mais de marcher avec son avant-garde à une demi-lieue ou à une lieue de son armée, pour de-là reconnoître d'une part le terrein et l'ennemi, et de l'autre observer l'ensemble de son propre ordre de marche, et pour diriger, avancer, ou retarder ses colonnes, suivant les circonstances, et relativement aux mesures qu'elles lui dictent.

Ainsi, soit l'armée en marche de front pour aller occuper une position qui soit parallèle à la position ou au mouvement de l'ennemi ; le général apprendra au milieu de la marche que cet ennemi a marché par son flanc droit, et qu'il va se présenter sur son flanc gauche. Il faut alors que toute son armée change de front pour lui faire face. C'est à lui à démêler, à choisir, à créer, pour ainsi dire, tant il faut que ce choix soit rapide, une position sur son flanc, et à envoyer ordre aux officiers-généraux commandant ses colonnes, de se diriger sur tel ou tel point, pour occuper la nouvelle position, s'il veut se tenir sur la défensive, ou pour former une disposition offensive, s'il trouve plus avantageux d'attaquer l'ennemi.

C'est ensuite aux officiers-généraux à savoir, rapidement et sans tâtonnement, exécuter ces ordres, diriger leurs colonnes vers les nouveaux points qui leur sont indiqués, juger les distances et les intervalles, choisir la meilleure manière de faire entrer les troupes dans la nouvelle position, ou disposition, suivant que les colonnes qu'ils commandent arrivent par la droite, par la gauche, par le centre, en avant ou en arrière de la ligne de front, etc. etc. L'ordonnance actuelle leur fournit sur cela des moyens simples, faciles, susceptibles de se plier à tous les terreins et à toutes les circonstances. Telle est à cet égard la perfection de l'ordonnance, qu'au moyen des excellentes méthodes qu'elle renferme, on peut, quand on sait en tirer parti, et ne pas s'appesantir sur elles, mettre une troupe, une colonne, une armée en bataille, par la voie la plus courte, et avec une précision mathématique sur les points donnés.

Je ne m'étendrai pas davantage sur cet objet. Je voudrois qu'on pût renouveller pour tous les militaires qui n'en ont pas été témoins, la démonstration qu'en a faite M. le comte de Rochambeau au camp de Bayeux, démonstration qui a été si décisive en faveur des manoeuvres de l'ordonnance, et où M. le comte de Rochambeau a eu tous les officiers de l'armée pour juges et pour admirateurs.

CHAPITRE VII.

Systême de M. de M.... D..... considéré par rapport aux Ordres de bataille et aux Batailles.

Nous voici arrivés à la partie la plus importante de la Tactique, à celle qui en fait en quelque sorte le complément et le but, puisque les armées ne s'exercent, ne s'instruisent, ne s'aguerrissent que pour se mettre en état de gagner des batailles, et que ce sont les batailles qui décident et entraînent presque toujours le succès de toutes les autres opérations.

Je sais l'inconvénient qu'il y a pour un officier particulier à traiter cette grande matière. Je sais tous les lieux communs qu'on ne manque pas d'élever contre celui qui s'en avise. On l'accuse de dogmatiser sur ce qu'il ne peut pas connoître. On infère que, puisqu'il raisonne sur les batailles, il a la sottise de se croire capable d'en donner et d'en conduire. Et puis viennent les déclamations contre l'incompétence d'âge et de grade, contre l'insubordination des esprits, l'exemple tant de fois mal appliqué du Rhéteur d'Éphèse donnant des leçons sur l'art de la guerre, etc. etc. Je veux une fois, puisque j'en ai l'occasion, répondre à tout ce qui a été dit ou ce qui se dira à l'avenir, tant contre moi que contre les officiers particuliers que leur zèle et leur application pourront engager dans la même carrière.

Avant tout, je déclare, pour ce qui me concerne, et je ne doute pas qu'en pareil cas ils n'aient tous la même modestie, que parce que j'écris sur la guerre, parce que je n'ai cessé d'étudier, d'approfondir et de chercher à étendre la théorie de mon art, je ne m'en crois pas plus capable qu'un autre de commander à la guerre et d'y avoir des succès. L'étude et les connoissances peuvent inspirer un préjugé favorable pour celui qui a ces avantages. On peut espérer de lui ; mais voilà son seul droit, et c'est une assez flatteuse récompense. Le talent, le talent, voilà ce que la théorie ne donne pas, mais ce que la pratique ne donne pas davantage : car, comme l'écrivoit le roi de Prusse au général Fouquet : « la pratique sans » réflexion n'est jamais qu'une routine insuffi- » sante. Un mulet qui a fait dix campagnes » sous le prince Eugène, n'en est pas meil- » leur Tacticien. En effet, marcher quand » on marche, s'arrêter quand on s'arrête, se » camper quand on campe, manger quand » on mange, se battre quand on se bat ; voilà » ce qu'est la guerre pour la plupart des offi- » ciers qui la font ». Le talent, je le répète, voilà ce qu'on porte en naissant, voilà le don privilégié, le don de la nature, le don devant lequel il faut que les obstacles, les jalousies, les inimitiés, tout s'abaisse et s'évanouisse quand il existe à un certain degré. Un officier aura écrit comme César, comme le roi de Prusse, comme Montécuculli ; il saura professer d'une manière parfaite la science de ces grands hommes ; d'autres grands hommes pourront se développer par la lecture de ses ouvrages : si le talent lui manque et qu'il se trouve placé dans de grandes occasions, toute sa théorie l'étayera en vain ; elle ne lui donnera ni les facultés, ni les organes, ni le jugement, ni le courage, ni le caractère. Un homme s'élevera, peut-être resté jusques-là dans la foule et dans l'obscurité, un homme qui ne se sera fait un nom, ni par ses paroles, ni par ses écrits, un homme qui aura médité dans le silence, un homme enfin qui aura peut-être ignoré son talent, qui ne l'aura senti qu'en l'exerçant, et qui aura fort peu étudié. Cet homme s'emparera des opinions, des circonstances, de la fortune ; et il dira au grand Théoricien comme l'architecte praticien disoit devant les Athéniens à l'architecte orateur : « ce » que mon rival vous a dit, je l'exécuterai ».

Après cette profession de foi qui doit, je l'espère, me mettre à couvert de toutes les prétentions qu'on m'a gratuitement supposées, je répondrai aux reproches d'incompétence d'âge et de grade, d'insubordination d'esprit, qu'on fait sans cesse aux jeunes gens et aux officiers particuliers, d'abord en opposant des généralités à des généralités.

Que s'il est question de commander et d'agir, la jeunesse, ou du moins la maturité, est l'âge de la force et du talent; que les plus grands généraux l'ont été jeunes, et se sont montrés à l'entrée de leur carrière presque tout ce qu'ils ont été depuis ; que, sans rappeler les anciens qui me donneroient le gain de cause le plus complet par les exemples d'Alexandre, de César, de Scipion, d'Annibal, etc., les meilleurs généraux modernes ont commandé des armées dans un âge où on est aujourd'hui à peine officier-général ; que Turenne, Condé, Luxembourg commandèrent tous des armées avant trente ans ; que de nos jours encore le maréchal de Saxe et M. le maréchal de Broglie les ont commandées à quarante.

Que peut-être même on ne peut former de grands généraux qu'en avançant ainsi très-rapidement et pendant leur jeunesse, les hommes qui annoncent des talens, parce qu'il faut de bonne heure contracter l'habitude de commander, de tourner les détails en résultats, et de penser et d'agir en grand.

Mais que, comme malheureusement aujourd'hui la multiplication énorme des grades supérieurs, l'engorgement qui en résulte, les préjugés sur l'ordre de tableau, une infinité d'autres vices de notre constitution, et plus que tout cela, la longueur de la paix qui fait qu'aucun talent ne ressort avec éclat, rendent l'avancement vers les grades éminens de la guerre, et vers le commandement, plus difficile et plus lent que jamais, il n'y a plus qu'un moyen qui puisse développer l'émulation et préparer à la nation quelques talens ; c'est que les jeunes gens et les officiers particuliers s'appliquent, étudient, et tâchent de suppléer, par une théorie plus savante, à la pratique qui leur manque.

Qu'en s'appliquant et en étudiant ainsi, il faut nécessairement qu'il y en ait parmi eux qui soient tentés de communiquer au public leurs idées, leurs recherches, leurs observations ; parce que tout homme en travaillant a un but, et qu'il n'y a point d'homme qui travaillât s'il étoit condamné à ensevelir le fruit de ses veilles.

Que la juste déférence dûe à l'âge et au grade, impose sans doute aux jeunes gens et aux officiers particuliers, le devoir de prendre conseil de l'expérience, de ne jamais mettre de vive voix, ni directement, leur opinion en présence de celle des hommes que l'âge, le grade, et à plus forte raison, la réputation personnelle, ont mis au-dessus d'eux ; en un mot, de douter, d'hésiter, d'examiner long-temps avant de s'en faire une opposée à la leur.

Mais que, lorsqu'une étude approfondie leur a fait enfin prendre cette opinion, et qu'ils en croient le développement utile au bien du service et aux progrès de l'art, il leur est permis de la soumettre au jugement du public; que le public est à la longue le véritable, le grand, l'irrécusable arbitre, et qu'en plaidant à son tribunal, on peut en attendre tôt ou tard vérité et justice.

Que dans ces sortes de controverses militaires, toutes les acceptions personnelles doivent cesser; que là les opinions paroissent nues; qu'elles n'ont ni âge, ni rang, ni grade, et que leurs droits respectifs sont les raisons qui les appuient.

De ces généralités, s'il m'est maintenant permis de passer à ce qui peut plus directement servir d'apologie à la liberté que je prends de traiter les grands objets de ce chapitre, je représenterai à mes lecteurs que cette jeunesse dont on m'a fait un si grand crime quand j'ai publié mon Essai général de Tactique, m'échappe malheureusement tous les jours, et qu'à trente-cinq ans on n'en est presque plus coupable. J'oserai ajouter que cette jeunesse n'est peut-être pas tout-à-fait dénuée d'expérience; qu'élevée dans les camps, elle a par-devers elle sept campagnes; que j'ai vu quelques batailles, et que j'ai étudié sur les lieux même presque toutes celles qui se sont données en Europe depuis un siècle. Enfin, je répéterai ce que j'ai déjà dit, que mes droits sont du moins les mêmes que ceux de M. de M.... D....., et que de plus je marche toujours avec un systême, qui n'est pas le mien, pour base, et le plus grand des généraux pour guide.

Venons aux objets que j'ai à traiter. Je parlerai d'abord des ordres de bataille en eux-mêmes, et ensuite de la manière de les prendre et de les former. De-là, je parlerai des batailles, c'est-à-dire, de l'action de combat, et de la manière de la conduire. Je mettrai, relativement à ces divers égards, les deux systêmes en opposition. Mais je préviens toutefois que je ne m'appesantirai pas sur celui de M. de M.... D.....; ce seroit m'attacher à ses débris, et j'ai un objet plus intéressant à remplir, celui d'achever de développer le systême moderne.

Des Ordres de bataille, suivant le Systême de M. de M.... D.....

M. de M.... D....., toujours fidèle à sa manière, qui est de diviser et de subdiviser à l'infini, établit dans ses Fragmens de Tactique (c'est son ouvrage le plus récent, et celui par conséquent auquel je vais m'attacher ici), *que tous les ordres de bataille peuvent être rangés sous quatre classes, et qu'en ces quatre branches se partage toute la grande Tactique. Ces quatre ordres sont* (ajoute-t-il) *le parallèle, l'oblique, le perpendiculaire et le séparé* (1).

Ordre Parallèle.

L'ordre parallèle, dit M. de M.... D....., *est un ordre qui répand également ses forces sur tout son front, et qui s'engage dans toutes ses parties*. M. de M.... D..... ajoute que c'est un très-mauvais ordre ; nous en tomberons d'accord avec lui ; mais ce ne sera pas tout-à-fait par les mêmes raisons. Une de celles sur lesquelles il s'étend le plus par exemple, est que l'*ordre parallèle ayant tout son front étendu et contigu, et allant à l'ennemi tout d'une pièce, ne peut, sans déranger la ligne et l'ouvrir en plusieurs endroits, marcher qu'avec beaucoup de peine et de lenteur, même en terrein très-commode. Qu'on prenne*, ajoute-t-il, *pour exemple une ligne de 50 bataillons quelconques, et qu'on mesure cette marche à la toise et à la montre.*

J'ai montré dans le cours de cet Ouvrage, combien M. de M.... D..... a à cet égard des

(1) Fragmens de Tactique, chap. des Ordres de bataille.

notions peu justes sur la Tactique moderne. Qui a jamais pensé dans cette Tactique à faire marcher en ordre de bataille *tout d'une pièce !* Eh ! quel ordre de bataille encore ! M. de M.... D..... le suppose de cinquante bataillons en ligne.

M. de M.... D..... distingue ensuite trois sortes d'ordres parallèles ; le *parallèle allongé*, le *parallèle simple*, et le *parallèle double*, et il les définit et explique ensuite de la manière suivante :

« Le parallèle allongé est l'ordre habituel » de notre temps, et il n'est bon que pour le » feu, et dans le cas où il n'est pas possible » de s'aborder, etc.

» Le parallèle simple n'est pas moins étendu » que l'ordre allongé, mais ne laisse pas d'op- » poser deux bataillons à chaque bataillon » ennemi, parce qu'il n'a qu'une ligne au lieu » de deux. Il est vrai que cette seule ligne en » est véritablement deux qui agissent contre la » première, indépendamment et distinctement, » quoique ensemble.

» Le parallèle double n'est différent du » simple, qu'en ce que, à front égal, il a des » forces doubles, et ses bataillons sur deux » lignes de colonnes rapprochées. C'est avec » lui qu'en terrein serré on peut combattre

» avec grand avantage une armée inférieure, » égale ou supérieure, que dans un ordre » allongé comme le sien, on combattroit à » forces égales » (1).

Je me borne à citer. Que répondre à ce chaos de distinctions et de définitions ? Que répondre à M. de M.... D....., lorsqu'il croit que dans la Tactique moderne on seroit réduit à combattre à forces égales contre un ennemi inférieur ? Est-ce qu'on n'agiroit pas sur ses flancs ? De deux choses l'une, ou l'ennemi ne seroit pas posté, ou il le seroit; s'il étoit en plaine on le déborderoit, on l'envelopperoit, on ne porteroit sur son front que les troupes nécessaires pour l'attaquer ou pour le contenir; s'il étoit posté on tourneroit de même sa position. Peut-être seroit-on obligé de s'y prendre d'un peu plus loin, mais enfin on le déposteroit, sans l'attaquer dans aucun point à forces égales. Je vois dans l'histoire des armées supérieures faisant la sottise de combattre à front égal des armées inférieures, et de se faire battre par elles. Mais ce sont les Perses aux Termopyles, les Bourguignons à Morat, les François à Azincourt; et la Tactique moderne n'enseigne pas à les prendre pour modèles.

(1) Voyez les Fragmens de Tactique, Mémoires sur les ordres de bataille.

Reprenons le compte abrégé que je rends des ordres de bataille de M. de M.... D.....; c'est toujours lui que je vais fidèlement extraire.

Ordre oblique.

« L'ordre oblique est celui qui renforce une » partie du front de l'armée, pour engager » le combat uniquement dans cette partie, et » s'assurer la victoire par la supériorité qu'on » lui a ménagée, et qui pour cela refuse tou- » tes les autres, tenant chacune d'elles plus » ou moins reculée, selon qu'elle est plus ou » moins éloignée de la partie attaquante, de » manière que l'ensemble des parties refusées » est oblique, et non pas parallèle à la ligne » ennemie.

» L'ordre oblique, dit M. de M.... D....., » peut attaquer par la droite, par la gauche, » par l'une et l'autre, ou par le centre »; mais il préfère d'attaquer toujours par le centre, et il en fait un principe général; ses raisons, à cet égard sont, qu'au moyen des dispositions modernes, les flancs sont souvent inattaquables; que les batailles engagées par les ailes sont toujours trop peu décisives; que, quand l'oblique n'a d'autre objet que celui de déborder et de tourner, cet ordre si vanté devient bien peu de chose; qu'au lieu de cela, en attaquant par le centre, on perce l'ordre de bataille ennemi, on le sépare, et que la destruction de son armée en est la suite infaillible. C'est-là en effet qu'il faisoit jouer, dans ses premiers Ouvrages, un si grand rôle à ses plésionnettes, en leur faisant faire la manoeuvre qu'il appeloit *partir par manches*. Ses colonnes doivent aujourd'hui remplir le même usage. On se rappelle ce que j'ai dit à cet égard dans la première partie de cet Ouvrage.

« L'ordre oblique formé sur le centre (conclut M. de M.... D.....) est donc le seul » véritable, essentiel, universel; le seul qui, » toujours également de saison, soit qu'on » déborde ou qu'on ne déborde pas, donne » moyen d'attaquer l'ennemi ».

M. de M.... D.... ajoute à cette définition de l'ordre oblique, une foule de principes que je me dispenserai d'extraire et de combattre. Ce principe d'attaquer par le centre me paroît être le seul qui en vaille la peine.

Je conviens avec M. de M.... D...., qu'il seroit certainement avantageux de percer l'ordre de bataille ennemi, de séparer son armée en deux, et prenant ainsi sa disposition à revers des deux côtés, de détruire cette armée jusqu'au dernier. C'est ce que pourroit peut-être opérer une attaque par le centre, si elle étoit faisable, ainsi que le propose M. de M.... D...., qu'il n'y eût rien à rabattre sur le succès qu'il s'en promet, et sur-tout que l'ennemi ne fît absolument rien pour s'y opposer. Mais de pareilles suppositions ne peuvent se faire de nos jours. Il n'y a plus de barbares en Europe; et, en supposant même une armée très-inférieure à une autre en habileté de manoeuvres et de chefs, ainsi que la guerre dernière en a offert des exemples, le simple bon sens, la seule évidence, les lumières d'un seul officier général ou supérieur suffisent pour indiquer les remèdes contre une attaque au centre, et les moyens de la faire tourner contre l'ennemi.

L'attaque sur le centre a des désavantages évidens. 1°. L'ennemi peut plus facilement et plus promptement réunir ses forces contre elle, puisqu'elles en sont toutes plus à portée. 2°. Il peut, en les réunissant, embrasser et envelopper l'armée qui l'attaque. 3°. En attaquant sur le centre, on est nécessairement et naturellement débordé. M. de M.... D.... dit, à la vérité, *que c'est une chose sur laquelle il faut prendre son parti.* Il ajoute ensuite, et on doit se rappeler que c'est un principe énoncé sans cesse dans ses Ouvrages, que d'être débordé n'est un inconvénient que pour l'ordre étendu; que le sien est au-dessus de cette pusillanime crainte, qu'il n'a point de flancs ni de partie foible. Nous examinerons dans le cours de ce chapitre cette dernière assertion. Reprenons notre énumération des désavantages de l'attaque sur le centre.

4°. En attaquant sur le centre et gagnant de cette manière une bataille complette, elle est certainement plus désastreuse pour l'ennemi. Mais, par la même raison aussi, en la donnant, on se compromet davantage, on court de plus grands risques. Si un premier succès vous a fait pénétrer dans l'ordre de bataille ennemi, et qu'ensuite les parties latérales de cet ordre de bataille, la seconde ligne, les réserves sachent manœuvrer à propos, et ayent un retour de fortune; si l'ennemi, plus habile encore, sait reculer adroitement devant vous, jusqu'à ce qu'il ait préparé ses manœuvres sur vos flancs, car nous prouverons tout-à-l'heure que M. de M....D.... a des flancs, c'est vous-même à votre tour qui courez risque d'une déroute complette. Plus vous vous serez engagé dans le champ de bataille ennemi, plus le retour et la retraite deviendront difficiles.

Tels sont, en raccourci, les inconvéniens des attaques sur le centre de l'ennemi. Nous démontrerons, en développant le systême moderne, relativement aux ordres de bataille, que les attaques aux ailes, qui sont un des principes fondamentaux de notre Tactique, réunissent tous les avantages opposés, et d'autres bien plus importans encore. Venons à la prétention qu'a M. de M.... D....., que son ordre habituel ne craint rien pour ses flancs, et pour parler son langage, qu'il n'a pas même de flancs.

Sans doute un bataillon de 16 hommes de front sur 24 de profondeur, autrement dit, une plésion ou une colonne, n'a point de flancs, et il est à peu près également fort sur toutes les faces, lorsqu'il est de pied ferme, et qu'il fait face aux quatre fronts différens. Mais c'est une singulière conséquence d'en conclure qu'une ligne de colonnes, qui est l'ordre habituel de M. de M.... D....., n'a point de flancs aussi.

Pour qu'une armée eût un ordre de bataille sans flancs, il faudroit, ainsi que je l'ai déjà dit à propos de la castramétation, qu'elle fût rangée dans un ordre quarré ou à peu près quarré, de manière que la différence du plus petit côté au plus grand fût à peine sensible. C'est cette proportion, entre le front et la profondeur du bataillon en colonne, qui fait sa force individuelle. Mais cette proportion et par conséquent cette force n'existent plus dès le moment qu'il s'agit d'une ligne de colonnes.

M. de M.... D..... aura beau rétrécir ses intervalles, y enchâsser colonne sur colonne, le côté de cette disposition, si son armée est de 50 bataillons, n'en sera pas moins plus court que le front dans le rapport d'un à cinquante; et il n'en faudra pas moins, si l'ennemi se présente sur son flanc, qu'il fasse un mouvement de conversion ou changement de front de la totalité ou d'une partie de sa ligne pour faire face à ce flanc.

C'est donc une étrange erreur de M. de M.... D.... de croire que son ordre habituel n'a point de flancs, et par conséquent de ne point craindre d'être débordé. Non-seulement ce débordement lui est aussi funeste qu'à l'ordre étendu, mais il le lui est même davantage; car, comme il occupe un plus petit espace, l'ennemi peut l'embrasser et l'envelopper avec plus de facilité. Il peut agir sur trois côtés de son ordre à la fois. Enfin, s'il parvient une fois à le mettre en désordre, ce désordre est presque sans ressource, attendu que le resserrement des troupes et de l'espace doit nécessairement l'augmenter, et que les effets de l'artillerie ennemie y sont plus destructifs et plus redoutables. Enfin, si l'ennemi sait presser et pousser sans relâche, il se peut que, d'une armée entière dans une telle disposition, il ne s'échappe personne pour aller porter la nouvelle du désastre. Je reviendrai sur cela en traitant, dans la suite de ce chapitre, de la conduite de l'action de combat. Poursuivons, en attendant, l'exposition des autres ordres de bataille de M. de M.... D....

Ordre Perpendiculaire.

C'est ici l'ordre inventé par M. de M.... D...., dont il ne veut pas partager la gloire avec Folard, qu'il croit bien supérieur à l'ordre oblique, et enfin, selon lui, le meilleur de tous les ordres, et celui sur lequel le choix doit le plus souvent tomber. Mais mettons M. de M.... D.... lui-même, sous les yeux de nos lecteurs (1).

« L'ordre perpendiculaire a pour objet, » comme l'oblique, d'attaquer une partie du » front de l'ennemi avec une grande supério- » rité, refusant le combat à toutes les autres. » Il en diffère en ce que dans l'ordre oblique, » supposé partir du parallèle, la partie refusée » marche de front, ne faisant que retarder » successivement par échelons, de manière » que dans son ensemble elle devient effecti- » vement oblique, au lieu que dans le perpen- » diculaire elle marche par le flanc pour se

(1) Fragmens de Tactique, Mémoires sur les ordres de bataille, pag. 172 et suivantes.

» mettre en colonne, prolongeant le flanc de
» la partie attaquante, et par conséquent de-
» vient réellement perpendiculaire à son front
» et à celui de l'ennemi ».

Les définitions ont ordinairement pour but d'éclaircir, celles de M. de M.... D.... remplissent quelquefois l'objet opposé ; mais je me dispenserai d'en fournir le commentaire: voyons si on le trouvera dans ce qui suit.

« Cet ordre peut se former comme le pré-
» cédent, par la droite, par la gauche, par
» l'une et l'autre en même temps, ou par le
» centre, et dans ces deux différens cas re-
» présentera ou une équerre, ou deux, ou une
» double.

» Dans tous ces cas, rarement l'équerre em-
» ployera toute l'armée ; et plus souvent il res-
» tera, en dehors et en arrière, quelques par-
» ties parallèles de front qui protégeront et
» assureront encore la ligne perpendiculaire,
» déjà assurée de reste par sa disposition, qui
» la dérobe entièrement à l'ennemi, et par sa
» propre force, qu'elle peut, au besoin, mettre
» en action, sans autre manœuvre qu'un seul
» à droite ou à gauche par homme «.

» Le perpendiculaire a toutes les propriétés
» de l'oblique, refuse même plus entièrement
» la partie qu'il ne veut pas engager, et (si l'on

» peut compter cet avantage pour quelque » chose) la tient plus à portée de renforcer la » partie attaquante: il est d'ailleurs encore plus » simple et plus net, par conséquent paroît gé- » néralement préférable. Il est vrai que la ligne » perpendiculaire, plus dérobée que les éche- » lons d'oblique, et encore moins en prise aux » diversions, par la même raison est moins à » portée d'arriver, aussitôt que l'attaque a » réussi, sur le front des parties non attaquées, » pour achever et completter la victoire. Seu- » lement, si l'attaque est obligée de s'avancer » fort loin pour renverser une troisième ligne, » cette ligne perpendiculaire, qui suit tou- » jours, se trouve très-bien placée pour se por- » ter aussitôt après, de front, dans les flancs » découverts de ce qui reste en ligne, et ba- » layer promptement le champ de bataille. C'est » au général à combiner ces différentes pro- » priétés, et, selon les circonstances, choisir » entre les deux ordres. Mais je suis persuadé » que le choix tombera le plus souvent sur ce- » lui-ci ».

M. de M.... D.... s'étend ensuite, tant dans le texte que dans des notes, pour s'assurer la propriété de l'invention de cet ordre. Il dit que Folard ne s'en étoit point douté; que le sixième ordre de Végèce, *qui est bien, si l'on veut, à peu près perpendiculaire*, n'a rien de commun avec le sien; que M. de Maiseroy nous a donné mal à propos dans son Cours de Tactique, un combat des Machabées dans l'ordre perpendiculaire. Enfin, il prouve que cet ordre est à lui, et que ni l'Histoire Ancienne, ni l'Histoire Moderne, ni l'Ecriture Sainte ne peuvent lui en ravir la découverte. Laissons-lui cette gloire assurément, et bornons-nous à douter que cet ordre en procure jamais aux généraux qui seroient tentés d'en faire usage, etc.

Voici les raisons sur lesquelles je fonde mes doutes. D'abord, l'ordre perpendiculaire de M. de M..... D..... sera encore plus débordé qu'aucun autre de ses ordres, et il le sera d'une manière bien plus dangereuse. En effet, qu'est-ce que l'ordre de bataille de M. de M.... D...., ainsi allongé sur une perpendiculaire, tel qu'il le donne dans la planche V de ses Fragmens de Tactique, tel que nous en avons vu une représentation, à la vérité assez informe, au camp de Bayeux? C'est un ordre, dont ce qui forme la pointe ou la tête, est de six bataillons de front, tandis que les deux branches ou flancs de cet ordre sont deux lignes de colonne allongées sur deux perpendiculaires. C'est enfin, pour réduire cet ordre à une figure connue, un parallélogramme dont le petit côté fait front à l'ennemi.

Supposons ce parallélogramme faisant face à droite ou à gauche, il représente une armée sur deux lignes, qui au lieu d'une brigade de quatre bataillons sur son flanc, ainsi que c'est l'usage dans la Tactique moderne, en auroit placé une de six. Quoi ! c'est avec ce même ordre, tourné vers le front de l'ennemi, que M. de M... D... propose sérieusement d'attaquer, d'enfoncer et détruire l'armée qui lui sera opposée! Comment ne sent-il pas que cette disposition, qu'il se persuade être si décisive et si formidable, n'est au fait composée que de trois flancs; qu'il se met, par elle, en prise à l'ennemi de la manière la plus défavorable; que la manœuvre la plus habile et la plus heureuse que l'ennemi eût pu faire pour l'attaquer en flanc lui-même, ne lui fourniroit jamais un avantage aussi complet? En effet, qu'y auroit-il de plus avantageux et de meilleur présage pour la victoire la plus entière, que de se trouver ainsi formé sur le flanc d'une armée ennemie avec toutes ses forces développées et prêtes à agir. On croit déjà avoir, et on a en effet, un si grand avantage quand on a tourné le flanc de l'ennemi, quand on l'a débordé et embrassé par quelques troupes. Ici c'est bien autre chose.

Le flanc de M. de M.... D...., car il aura beau m'objecter que ce n'est pas son flanc, et que c'est le front de son attaque, j'appelle flanc, dans un ordre de bataille, le côté le plus court et par conséquent le plus foible; son flanc, dis-je, est vis-à-vis le centre de l'ennemi, puisque c'est ce centre qu'il prétend attaquer, et par conséquent les deux autres grands côtés de son ordre sont débordés des deux parts par la moitié de l'armée ennemie.

M. de M.... D..... dira que son ordre marchera, attaquera, percera toujours. Mais s'il marche, les grands côtés de son ordre perpendiculaire deviendront alors certainement des flancs dans toute la justesse de l'expression; car des colonnes ne peuvent pas à la fois marcher et faire face aux flancs. S'arrêtera-t-il? Alors le voilà sur la défensive. Le voilà en butte aux dispositions de toute espèce que l'ennemi peut former contre lui, à la supériorité de son artillerie, qui, agissant sur un plus grand développement, prenant des revers sur lui, et battant des masses accumulées dans un petit espace, peut seul l'ébranler et commencer sa défaite.

Je ne m'étendrai pas davantage sur l'ordre perpendiculaire. Je prie seulement mes lecteurs de se rappeler que c'est-là cet ordre avec lequel il doit *aborder l'ennemi, le charger à l'arme blanche, lors même qu'il sera remparé d'obstacles inaccessibles sur les quatre-vingt-dix-neuf centièmes de son front, et être sûr, quoique inférieur, de le battre dans un poste si avantageux, etc.* (1)

Ordre séparé.

Pour celui-ci, il n'est pas tout-à-fait de la création de M. de M..... D...., c'est un de ceux dont parle Végèce. On le voit dans l'Histoire du Bas-Empire, employé par Narsès, général de Justinien. Ce n'étoient pas à la vérité les beaux jours de la science militaire. Si la manie de l'érudition vouloit me saisir, si je voulois fournir le pendant de l'exemple d'un ordre de bataille perpendiculaire trouvé dans l'Histoire des Machabées, je pourrois trouver dans celle de Gédéon l'origine de l'ordre séparé; car, quand Gédéon attaqua le camp des Madianites, il divisa ses trois cents hommes en trois troupes, et attaqua par trois côtés à la fois. Mais laissons-là et Végèce, et Narsès, et les Machabées, et Gédéon, c'est du systême de M. de M.... D.... qu'il s'agit.

(1) Voyez dans la première partie de cet Ouvrage, pag. 64 et 65.

« L'ordre séparé, dit M. de M.... D...., est » celui dans lequel chaque division fait corps » à part, et combat indépendamment des au- » tres, dont elle demeure séparée et même » éloignée. Les trois ordres précédens sont en » lignes suivies, l'une droite, l'autre brisée en » échelons, et l'autre brisée en équerre. Ce- » lui-ci ne fait point ligne; il est au parallèle » à peu près ce que seroit à une brigade, dans » l'ordre accoutumé, un régiment de trois ou » quatre plésions. Du reste, il a pour objet, » comme l'oblique et le perpendiculaire, » d'attaquer seulement quelques parties du » front de l'ennemi, refusant le combat aux » autres, et de s'assurer la victoire par l'ex- » trême supériorité ménagée aux parties qui » seules la décident ».

Je ne me donnerai la peine ni d'analyser ni de réfuter cet ordre. Il rentre dans l'ordre précédent, puisque, selon M. de M.... D....., les divisions y doivent former chacune leur attaque perpendiculaire; et il est plus dangereux encore, puisque les mêmes inconvéniens y sont plus multipliés. D'ailleurs, il y a toujours contre ces attaques séparées une grande objection à faire, c'est qu'elles sont toujours ou trop voisines, ou trop éloignées l'une de l'autre. Dans ce premier cas, elles ne remplissent pas le grand objet, qui est de jeter l'ennemi dans l'incertitude, et de diviser beaucoup ses forces. Dans le second, elles manquent presque toujours, faute de concert entr'elles; leur éloignement, la nature du pays, font souvent qu'elles ne peuvent ni se voir, ni s'entendre, ni se secourir; et, en cas de mauvais succès, il y en a qui peuvent être coupées ou dangereusement compromises.

M. de M.... D..... veut que son ordre séparé attaque par divisions, et par conséquent sur trois ou quatre points au moins. Mais plus il multiplie les points d'attaque, plus les inconvéniens ci-dessus augmentent; moins ces corps séparés ont de consistance, et leurs attaques d'effets décisifs. Il faut ajouter à cela, que rarement une position, à moins qu'elle ne soit bien mal choisie, offre trois ou quatre points foibles, et par conséquent susceptibles d'attaque. Mais, dira M. de M.... D....., comment fait donc la Tactique moderne, dont le principe est d'embrasser et d'agir sur de grands fronts? Dans la Tactique moderne, une disposition offensive embrasse beaucoup de terrein, menace plusieurs parties; mais il est rare qu'elle fasse d'attaque véritable sur plus d'une seule. L'attaque peut embrasser plusieurs points, lorsque ces points sont dépendans les uns des autres; mais le tout ne forme qu'une disposition générale, dont les parties sont liées, et qui met dans la main et sous les yeux du général, la plus grande partie de ses forces, et particulièrement celles avec lesquelles il agit. Ainsi se sont données toutes les batailles du roi de Prusse et des grands généraux modernes. C'est sur quoi nous aurons occasion de revenir, en traitant des ordres de bataille suivant le système actuel.

Des Ordres de bataille suivant le Système moderne.

Je serai quelquefois forcé de répéter ici ce que j'ai déjà écrit dans l'Essai général de Tactique; car, ayant à parler des mêmes objets, et n'ayant point changé d'opinion depuis, je ne puis pas faire une version nouvelle.

Ordre de bataille, dans la Tactique actuelle, peut et doit s'entendre et se définir de deux manières. Il signifie d'abord l'ordre primitif et fondamental dans lequel une armée se dispose pour camper et pour combattre, abstraction faite de toutes circonstances locales ou accidentelles. Il signifie ensuite toute disposition quelconque dérivant de cet ordre primitif, avec des modifications ou des changemens quelconques, relativement à ces circonstances. Je vais éclaircir cette double définition.

Considéré comme disposition primitive et fondamentale, l'ordre de bataille d'une armée est le tableau qu'on forme au commencement de la campagne, pour régler l'emplacement et la disposition des différens corps qui composent l'armée. C'est d'après lui que les troupes sont disposées sur deux lignes, l'infanterie au centre, et la cavalerie sur les ailes; ce premier arrangement est fondé en raison, quand il n'est que la disposition préparatoire, et, si je puis m'exprimer ainsi, la disposition d'attente et d'organisation ; mais il devient abus et erreur quand il dégénère en routine, quand on le prend indifféremment dans toutes les circonstances et dans tous les terreins ; quand sur-tout on en fait sa disposition de combat.

Je dis que cet arrangement est fondé en raison, quand il n'est que la disposition de campement et d'organisation : en effet, quand on rassemble une armée, il faut bien y établir un ordre primitif et habituel, un ordre qui soit la base d'après laquelle on puisse partir pour opérer, et à laquelle on puisse revenir quand les circonstances qui en éloignent n'existent plus. Je dis que cet arrangement devient abus et erreur, quand on ne sait pas s'en écarter suivant les circonstances, quand on en fait aveuglément sa disposition de combat. En effet, il est aisé de sentir que des incidens, des circonstances et des vices sans nombre doivent obliger de faire des changemens à l'ordre primitif : il est aisé de sentir, par exemple, que, quoique suivant cet ordre, l'armée doive être formée sur deux lignes, l'infanterie étant au centre, la cavalerie sur les ailes, et tous les corps qui composent chaque ligne étant contigus l'un à l'autre, les circonstances à la guerre peuvent exiger que là il faille mettre de la cavalerie au centre, et de l'infanterie sur les ailes; ici combattre sur une ligne; plus loin se former sur deux ou sur trois lignes; ailleurs séparer l'armée en plusieurs corps pour les faire agir chacun sur différens points; toutes ces dérogations à l'ordre primitif n'empêchent cependant point que la totalité de la disposition ne soit un ordre de bataille, puisqu'elle a pour but de combattre.

Considéré comme disposition dictée par le terrein et par les circonstances, l'ordre de bataille d'une armée n'est et ne peut donc presque jamais être l'ordre primitif et fondamental; car rarement se trouve-t-on dans des plaines où l'armée puisse être formée sur des lignes droites et contigues. Rarement la nature du pays permet-elle de composer tout le centre d'infanterie et les ailes de cavalerie. Souvent on affoiblit et on met hors de prise une partie de sa disposition, pour en renforcer une autre avec laquelle on veut combattre. Ces circonstances produisent des modifications et des variations à l'infini; sans cesse on s'écarte de l'ordre de méthode et on prend des dispositions qui y ont peu de rapport. Plus un général est habile, plus son armée est manœuvrière, et plus il s'écarte de la routine élémentaire, afin de porter à son ennemi des coups imprévus et décisifs. Il y a enfin entre la disposition de méthode et la disposition de circonstances, qui toutes deux cependant peuvent s'appeler *ordre de bataille*, cette différence essentielle, que la première n'a presque lieu que dans des camps de paix, sur le papier, et dans les rêves des Tacticiens, au lieu que la seconde est celle qui a lieu à la guerre, dans laquelle on donne les batailles, et sur-tout celle qui les fait gagner.

Il ne peut y avoir que deux manières de donner bataille à l'ennemi. La première, en engageant ou en se mettant à portée d'engager à la fois le combat sur toutes les parties de son front : la seconde, en l'attaquant seulement sur un ou plusieurs points. Je crois d'après cela pouvoir réduire les sept ordres dont Végèce a parlé, et à plus forte raison les quatre de M. de M.... D....., avec leurs variantes, à deux seuls ordres, *le parallèle* et *l'oblique*. Je vais, en traitant séparément de chacun de ces deux ordres, les définir, assigner leurs principes, leur objet, et démontrer comment toutes les dispositions quelconques tiennent à ces deux ordres, et n'en sont que des dérivés et des modifications.

Ordre parallèle.

Il faut appeler ainsi une disposition de bataille dont le front, développé *parallèlement* à celui de l'ennemi, peut entrer en action à la fois avec toutes les parties qui la composent. Quand je dis *parallèlement*, on ne doit pas entendre ce mot dans la précision géométrique; car il y a peu de pays qui puissent permettre à deux armées de s'étendre sur des fronts exactement parallèles l'un à l'autre. Le nom d'ordre parallèle appartient donc à toute disposition qui place tous les corps de deux armées les uns vis-à-vis des autres, en mesure et à portée de combattre.

Voilà certainement comme ont dû se disposer les armées dans les premiers âges de la science militaire. Alors elles n'étoient pas si nombreuses qu'aujourd'hui ; elles se formoient sur une ordonnance moins étendue ; on étoit armé de manière à avoir besoin de s'approcher pour se nuire. On ne connoissoit point toutes les finesses de la Tactique ; en raison de ce qu'on étoit moins éclairé, on étoit plus courageux peut-être. Chacun vouloit combattre, chacun vouloit avoir part au danger et à la gloire. De-là ces batailles si terribles et si sanglantes, que nos combats actuels, qui ne sont que des jeux auprès d'elles, nous les font presque regarder comme fabuleuses. Qu'on voie encore aujourd'hui deux nations sauvages violemment animées l'une contre l'autre, et ne connoissant pas l'usage de nos armes à feu : leurs braves s'assembleront, marcheront les uns aux autres, se joindront, et là leur disposition sera de s'étendre, pour pouvoir tous combattre, et chercher chacun son homme. Ainsi se battent, dans l'Amérique septentrionale, toutes les nations que les Européens n'ont pas armées ; aussi leurs guerres finissent-elles quelquefois par la destruction entière du peuple vaincu. Ainsi ont combattu toutes les premières races d'hommes qui ont habité l'Europe, jusqu'à ce que le hasard, l'ambition et le raisonnement aient fait naître parmi elles quelques lumières.

On voit que l'ordre parallèle étant le plus naturel et le plus simple, a dû être la plus ancienne disposition connue : car ce ne sont pas les mots qui font les choses; et, quoique des sauvages ne connoissent peut-être ni le mot *ordre*, ni certainement le terme *parallèle*, c'est cette disposition informe et d'instinct qu'ils prennent pour aborder tous à la fois l'ennemi et le combattre; c'est elle qui, se perfectionnant peu à peu, et les mots naissant avec les idées, est devenue et a été nommée *ordre parallèle.*

A mesure que les hommes s'éclairèrent, les armées supérieures en nombre durent chercher à tirer parti de leur supériorité, et pour cet effet à envelopper l'ennemi et à embrasser ses flancs. De-là cette disposition en forme de croissant qui subsiste encore aujourd'hui dans les armées Turques et Asiatiques. Cependant, des généraux habiles, se trouvant à la tête d'armées inférieures, durent chercher les moyens de suppléer à cette infériorité par la perfection de la Tactique : ils durent sentir qu'en se présentant parallèlement à un ennemi supérieur en nombre, ils s'exposeroient à être enveloppés et battus; qu'il y avoit telle autre sorte de disposition, telle science de mouvemens, au moyen de laquelle ils pouvoient porter l'élite de leurs forces à un des points de l'ordre de bataille, n'engager le combat que sur ce point, et mettre hors de prise toutes les autres parties de leur disposition : de-là, l'ordre oblique et toutes les autres dérogations à l'ordre parallèle. Enfin, entre des généraux tant soit peu éclairés de part et d'autre, l'ordre parallèle cessa d'avoir lieu dans les batailles, parce que supérieurs ou inférieurs en nombre, ils calculèrent avec raison qu'il y avoit d'autres dispositions plus avantageuses.

Ce qui prouve que telle a dû être dans l'antiquité l'origine des différens ordres de bataille, c'est que nous les avons vu renaître dans la même progression. Avec l'Empire Romain, la science militaire déchut et s'anéantit. Des siècles de ténèbres succédèrent. L'ignorance s'étendit sur tout ; elle s'étendit particulièrement sur la manière de faire la guerre ; car il faut observer en passant, qu'alors, bien plus qu'aujourd'hui, c'étoit tout ce qu'il y avoit de plus ignorant dans les nations qui se dévouoit aux armes ; les habitans des villes n'étoient point guerriers, et le petit nombre d'hommes livrés à l'étude, étudioit pour l'autel, pour la scholastique, ou pour quelques arts échappés à la barbarie générale.

On en revint donc alors à se battre comme dans les premiers temps ; ce fut multitude contre multitude, hasard contre ignorance : les armées s'abordoient et s'engageoient de tout leur front. Ainsi se donnèrent les batailles de Clovis contre Attila, de Charles-Martel contre les Sarrasins, de Charlemagne contre les Saxons. La preuve qu'elles se donnoient ainsi, c'est qu'il y périssoit un nombre incroyable de combattans. Les chroniques de ces guerres disent souvent que peu de vaincus se sauvoient du carnage des combats. Ces armées prenoient, sans le savoir, l'ordre parallèle ; il eut lieu long-temps après encore, il eut lieu tant que la Tactique resta dans l'enfance : on le trouve à Marignan, à Aignadel, à Pavie, par-tout où les armées eurent le temps de se mettre en bataille la veille, et la possibilité de s'aborder sur tout leur front.

Quand la science militaire commença à renaître, on fit le même raisonnement qu'avoient fait les anciens, et en conséquence on s'écarta de l'ordre parallèle. On chercha à manœuvrer, à tourner son ennemi par ses flancs ; il n'y eut presque plus de batailles engagées sur la totalité du front ; il y en eut bien moins encore quand les armées devinrent plus nombreuses, et se rangèrent sur une ordonnance plus mince. Le moyen, en effet, que, sur des fronts aussi étendus, il n'y eût pas quelque obstacle qui empêchât de se joindre ! On adopta alors un nouveau genre de guerre fondé sur la nature du terrein et sur le choix des positions. Les armées inférieures se mirent, soit par les retranchemens, soit par les obstacles naturels du pays, à l'abri de toute attaque, ou réduisirent la possibilité de les attaquer à des points. Tous les combats devinrent des affaires de postes ; il n'y eut plus de batailles générales, par conséquent plus d'ordre parallèle. Depuis la fin du dernier siècle on ne peut pas citer une action où les armées aient engagé le combat sur tout leur front.

Ce qui doit le plus contribuer maintenant à faire rejeter l'ordre parallèle, c'est, outre l'immense front des armées, et la difficulté de se joindre également sur tous les points de ce front, la nécessité où sont tous les États de ne pas compromettre au sort d'une action générale, des armées qui font toutes leurs forces et leurs destinées. Aujourd'hui qu'aucune nation n'est guerrière ni par ses moeurs, ni par sa constitution ; aujourd'hui que les peuples n'ont pour défense qu'un certain nombre de troupes ;

que hors ces troupes tout le reste des citoyens n'est qu'une multitude lâche, sans aucune idée de guerre et de discipline, prête, par conséquent, à subir le joug du vainqueur, la politique respective des gouvernemens veut que les généraux ne donnent pas tout au hasard. On vient de voir comment le résultat des ordres parallèles, mis en exécution un jour de bataille, étoit de rendre l'action générale, comment elle devenoit plus terrible, plus décisive, plus sanglante, comment il se pouvoit qu'elle entraînât la destruction totale des vaincus. Qu'on se peigne la détresse d'une de nos nations modernes, si on venoit lui dire, comme on le dit aux Romains après la journée de Cannes : « L'ennemi arrive, l'armée qui couvroit la Capitale a engagé une bataille générale, et cette armée n'est plus ».

L'ordre parallèle pris dans la signification que je lui ai donnée au commencement de ce chapitre, n'est donc jamais aujourd'hui mis à exécution dans les batailles ; mais ce nom peut rester à la disposition primitive et habituelle d'organisation et de campemens d'une armée, puisque toutes les parties de cette disposition se trouvent d'égale force, et prêtes (les obstacles du terrein mis à part) à entrer en action avec l'ennemi, s'il venoit attaquer à la fois tout le front.

De ce que l'ordre parallèle, employé comme disposition d'attaque, n'est plus en usage aujourd'hui, s'ensuit-il qu'il ne fût jamais avantageux à une armée de s'en servir ? Non, sans doute ; une armée supérieure, ou par le nombre, ou par l'espèce des troupes, fera bien de l'employer, si l'ennemi est assez mal avisé pour lui en fournir l'occasion ; c'est-à-dire, pour se présenter à elle dans une plaine, ou dans une position abordable sur tout son front ; car la bataille qu'une pareille armée gagneroit dans cette disposition pourroit ruiner entièrement l'armée opposée. Mais à moins de surprendre son ennemi en marche dans un pays absolument ouvert, et qui ne lui laisse autour de lui la ressource d'aucune position, on n'a jamais d'occasion d'engager ainsi des batailles avec tout son front ; car l'ennemi sur la défensive occupe toujours une position avantageuse par la nature ou par l'art, et alors l'attaque se réduisant nécessairement à des points, l'ordre parallèle ne peut plus avoir lieu.

Cette heureuse et rare occasion de surprendre en marche un ennemi inférieur, et de pouvoir l'attaquer sur tout son front dans une plaine absolument ouverte et sans obstacle, nous l'avons cependant trouvée une fois la guerre dernière. Cet exemple offre sous plusieurs rapports une trop grande leçon pour que je puisse le passer sous silence.

En 1758, l'armée Françoise et l'armée alliée étant chacune de leur côté en mouvement, s'approchent et se rencontrent toutes deux en marche sans s'en douter ; on se met en bataille de part et d'autre. Mais le hasard avoit mis tous les avantages du côté de l'armée Françoise. La position qui se trouvoit tout naturellement sur le flanc droit de sa marche, vers lequel l'ennemi se présenta, étoit une lisière de hauteurs avantageuses, dominant presqu'en forme de demi-cercle une plaine d'environ une lieue et demie de profondeur, qui s'étend depuis les hauteurs de Frauwiller jusqu'à la petite rivière de l'Erff. Outre cette supériorité de position, nous avions celle du nombre, et nous venions de reprendre l'offensive. Le prince Ferdinand, au contraire, se trouvoit dans la position la plus funeste, cette petite rivière derrière lui, puisqu'il achevoit de la passer au moment où il découvrit nos colonnes ; un de ses ponts cassé ; la plus grande partie de son artillerie à l'autre bord ; nul point d'appui pour ses ailes ; nul obstacle sur son front ; il n'avoit pas pu choisir d'autre position, le pays ne lui en offrant aucune, et son armée n'ayant eu que le temps de se mettre à la hâte en bataille. Il étoit neuf heures du matin au moment où les deux armées se rencontrèrent ainsi. Une partie de la journée fut employée à se mettre en bataille, à consulter, à reconnoître. Des raisons qu'il ne m'appartient pas de juger firent remettre l'attaque au lendemain, et dans la nuit le prince Ferdinand repassa l'Erff sans aucune perte.

Dans une circonstance semblable, si l'on se fût déterminé à donner bataille, c'eût été le cas sans doute de faire usage de l'ordre parallèle, c'eût été le cas de descendre des hauteurs que nous occupions pour attaquer à la fois, et de tout notre front, cette armée qui flottoit dans une plaine sans obstacles, et qui n'avoit point de retraite. Mais un tel concours de position et de circonstances est si rare, que cet exemple ne change rien au principe général qui fait rejeter aujourd'hui l'ordre parallèle. Il prouve seulement, en y faisant exception, qu'un principe général n'est point exclusif, et que la saine Tactique n'en admet aucun de ce genre.

Mais une grande leçon qu'il faut tirer de cet exemple, c'est relativement à la théorie des marches; théorie sur laquelle malheureusement nos armées ont toujours été dans l'enfance; théorie sur laquelle j'ai osé le premier hasarder quelques idées nouvelles, pour la faire marcher de pair avec les progrès de la Tactique moderne.

Notre armée marchoit, laissant l'Erff sur son flanc droit, et dans sa marche elle suivoit constamment la même direction. Le prince Ferdinand étoit à l'autre bord de cette rivière. Il étoit donc clair, par sa position et par la nôtre, que la marche que nous allions faire rentroit dans la classe des marches de flanc, et qu'elle devoit être ouverte en conséquence. L'armée devoit donc, conformément aux principes établis dans notre théorie, marcher sur deux colonnes, chaque ligne formant la sienne, ou au plus sur quatre, chacune d'elles étant composée d'une moitié de ligne; ces colonnes (la nature du pays le permettoit aisément, car il étoit sans obstacles) devoient être ouvertes, très-rapprochées l'une de l'autre, de manière que l'armée n'eût qu'un à droite à faire pour se mettre en bataille, et que les colonnes intérieures de la marche n'eussent que le moins de terrein possible à parcourir pour se rapprocher de la position éventuelle que l'armée pouvoit être dans le cas de prendre. Marchant ainsi, on eût été en bataille en un moment; et quelques heures de gagnées, car on n'en perdit pas moins, eussent peut-être fait prendre le parti d'attaquer. Au lieu de cela la marche s'ouvrit et se fit suivant la routine accoutumée, qui étoit de ne point distinguer l'espèce de marche qu'on avoit à faire, et de croire qu'il y avoit toujours à gagner de multiplier les colonnes, quand la nature du pays le permettoit; principe évidemment bon quand il s'agit d'une marche de front, mais évidemment faux, quand il s'agit d'une marche de flanc. La marche étoit donc sur six colonnes, et la colonne intérieure de la marche, c'est-à-dire, la colonne de gauche, étoit à une lieue et demie de celle de la droite. Quand il fallut se mettre en bataille sur le flanc droit, il fallut bouleverser tout l'ordre de marche, arrêter des colonnes, en décomposer d'autres, faire arriver celles de gauche par un long circuit; ajoutons à cela, qu'alors les troupes n'étoient rien moins que manœuvrières; qu'officiers généraux, officiers supérieurs, personne ne connoissoit les moyens les plus simples et les plus prompts de parvenir à ce qu'exigeoient le terrein et les circonstances. Quatre ou cinq heures se perdirent ainsi à mettre tout en ordre, et avant que la gauche ne fût absolument formée. Ce n'étoit la faute de personne, c'étoit le vice du temps, et le résultat de l'imperfection de la Tactique.

Ordre Oblique.

L'ordre oblique est l'ordre de bataille le plus usité, le plus savant, le plus susceptible de combinaisons, l'ordre qui convient également aux armées inférieures et aux armées supérieures; à ces dernières, pour faire un plus grand usage de la supériorité de leurs forces; à ces premières, pour suppléer à leur infériorité. C'est l'ordre le plus fameux des anciens, mais dont aucun de leurs Tacticiens ne nous a fait connoître le mécanisme intérieur. Le roi de Prusse est le premier moderne qui l'a exécuté par principes, et qui l'a adapté à la Tactique actuelle.

Pour qu'un ordre de bataille puisse être réputé *oblique*, il n'est pas nécessaire que le front de cet ordre dessine exactement une ligne oblique, par rapport au front de l'ennemi; car rarement les terreins et les circonstances permettent qu'une pareille régularité puisse avoir lieu. J'appelle donc *oblique*, toute disposition où l'on porte sur l'ennemi une partie et l'élite de ses forces, et où l'on tient le reste hors de portée de lui; toute disposition, en un mot, où l'on attaque avec supériorité un ou plusieurs points de l'ordre de bataille ennemi, tandis qu'on donne le change aux autres parties, et qu'on se met hors de mesure de pouvoir être attaqué par elles.

D'après cette définition, presque toutes les batailles qui se sont données depuis un siècle, l'ont été dans l'ordre oblique, car elles se sont toutes réduites à des points d'attaque. Mais cet ordre étoit pris au hasard, et sans de grandes combinaisons. On n'avoit point approfondi ses avantages; on ne connoissoit pas ses finesses; on ignoroit la manière de le prendre rapidement sur un point indiqué par les circonstances du moment, et qui n'eût point été prévu dans l'ordre de marche. Ainsi, dans un art qui est au berceau, il arrive qu'on se sert machinalement d'un instrument dont on ne connoît pas à fond les propriétés et l'usage.

Pour développer parfaitement la théorie de l'ordre oblique moderne, il faut nécessairement ici entrer dans quelques détails.

Je distinguerai d'abord deux différentes espèces d'ordre oblique. L'une est l'ordre oblique *de principe*, l'oblique proprement dit, c'est-à-dire, un ordre dans lequel l'armée est disposée exactement *obliquement* au front de l'ennemi; l'autre est l'ordre oblique *de circonstance*, c'est-à-dire, un ordre dans lequel l'armée, quoique n'étant point disposée obliquement au front de l'ennemi, se trouve cependant, soit par la nature du terrein, soit par l'habileté de ses mouvemens, dans le cas de l'attaquer sur un ou plusieurs points, et d'être elle-même hors de prise sur les autres. Je vais parler successivement de chacune de ces deux espèces, et faire sentir leur différence. L'ordre oblique proprement dit peut s'exécuter de deux manières, *par lignes* ou *par échelons*. *Par lignes*, c'est-à-dire, la disposition formant un front oblique et en demi-quart de conversion, tous les bataillons et escadrons étant contigus et sur le même alignement, dans la forme ci-après:

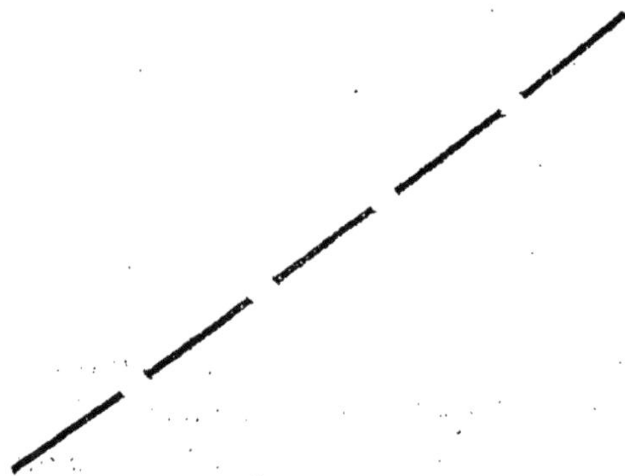

Par échelons, c'est-à-dire, chaque bataillon et escadron se laissant dépasser du côté vers lequel on veut attaquer, par le bataillon ou escadron qui est à côté de lui, d'un certain nombre de pas plus ou moins considérable, suivant le nombre de troupes qui composent chaque colonne, et le degré d'obliquité qu'on veut donner à l'ordre de bataille, toute la partie qui doit attaquer formant cependant une espèce de marteau en avant, et étant rangée dans la disposition ordinaire, dans la forme suivante :

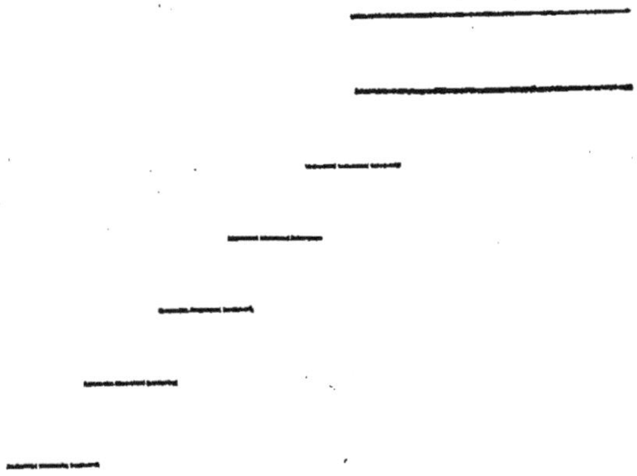

Cette disposition par échelons vaudra mieux encore, si au lieu d'être formée par bataillon et par escadron, elle l'est par brigade ou par division, ces corps étant disposés de manière à pouvoir se donner la main au besoin, et à occuper les positions qui peuvent le plus les mettre hors de prise et faire illusion à l'ennemi.

Ainsi, par exemple, A. B. est le marteau, la partie de l'ordre de bataille destinée à attaquer l'ennemi placé en I., et C. D. E. F. sont quatre colonnes de l'armée, qui se sont mises en bataille par échelons, occupant différens points où elles remplissent les objets indiqués ci-dessus.

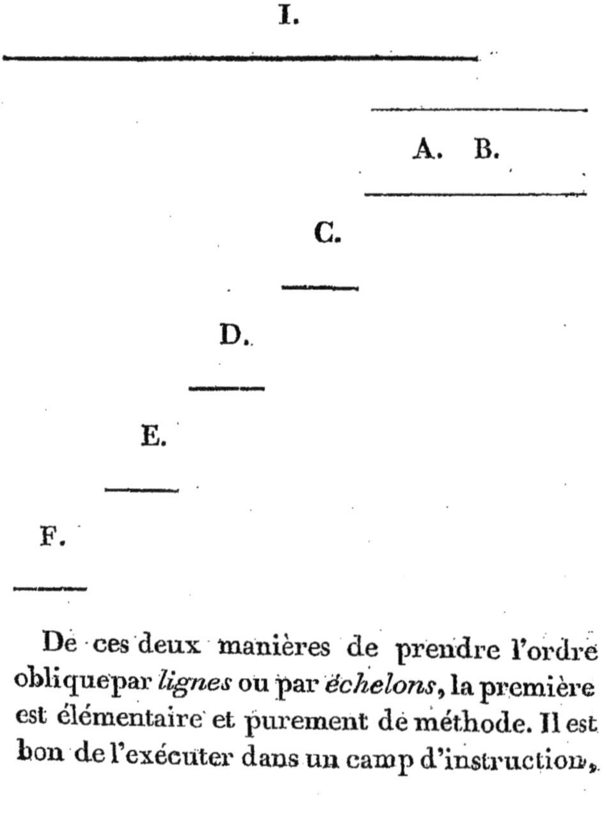

I.

A. B.

C.

D.

E.

F.

De ces deux manières de prendre l'ordre oblique par *lignes* ou par *échelons*, la première est élémentaire et purement de méthode. Il est bon de l'exécuter dans un camp d'instruction, afin de commencer à faire connoître aux officiers-généraux ce que c'est que l'ordre oblique, et quel est son objet. La seconde, qui n'est qu'une suite de la première, est plus simple, plus facile dans son déploiement, plus applicable à tous les terreins, plus susceptible de manoeuvres et d'action lorsque l'ordre est formé. C'est celle dont il faut se servir à la guerre, sur-tout quand on forme, par brigades ou par gros corps, les échelons destinés à se refuser à l'ennemi ou à lui faire illusion.

L'ordre oblique peut se former sur la droite, sur la gauche oü sur le centre, c'est-à-dire, qu'au moyen de cet ordre on peut attaquer l'ennemi sur l'un de ces trois points, et lui refuser le reste de l'ordre de bataille. Mais, ainsi que je l'ai prouvé, en réfutant le principe favori de M. de M.... D....., qui est de former les attaques sur le centre, c'est toujours par les ailes qu'il est le plus sûr et le plus avantageux d'attaquer; et ce principe, absolument opposé à celui de M. de M.... D....., est une des bases de la Tactique moderne.

Aux raisons que j'ai déjà données, à cet égard, pour combattre le principe de M. de M... D....., j'ajouterai, pour appuyer le principe moderne, 1°. que les attaques aux ailes remplissent un grand objet, qui est celui de tourner et de menacer les derrières de l'ennemi. M. de M..... D.... regarde, à la vérité, cet avantage comme de peu de considération ; mais sa doctrine sur ce point ne fera pas beaucoup de prosélytes.

2°. Que les attaques aux ailes trouvent toujours moins de forces réunies contre elles, et que l'ennemi a moins de ressources pour en opposer, puisqu'il y a certainement plus loin de toutes les parties d'un ordre de bataille à une de ses extrémités qu'à son centre.

3°. Qu'il est plus facile à l'ennemi de démêler et de juger une disposition d'attaque qu'on forme sur son centre, que celle qu'on formeroit sur ses ailes ; car, ce qui se passe au centre est apperçu des deux parts, et l'ennemi débordant cette disposition des deux côtés à la fois, il ne doit pas lui en échapper un seul mouvement. La disposition d'attaque formée sur ses ailes se fait au contraire vis-à-vis de l'extrémité de son ordre de bataille, et elle ne peut donc être au plus apperçue que d'un seul côté ; mais plus souvent encore elle se fait en dehors de l'ordre de bataille de l'ennemi, et par-là presque hors de sa vue, puisque toute attaque aux ailes embrasse ordinairement le flanc, et cherche à le tourner.

4°. Qu'en attaquant aux ailes, sur-tout dans

la disposition oblique de la Tactique moderne, toute l'armée peut successivement se porter à l'appui de la partie qui attaque, pour, au besoin, la soutenir, la rafraîchir ou la renforcer, et qu'en appuyant ainsi la partie engagée en action, elle tient cependant toute celle qu'elle veut refuser hors de mesure et de portée de l'ennemi. C'est ce qui ne peut pas être dans l'attaque sur le centre; car d'abord, les parties de l'ordre de bataille ennemi qui la débordent peuvent, avec facilité, l'embrasser et la prendre des deux parts en flanc. De l'autre, à mesure que le coin ou la tête de l'attaque s'engage dans le champ de bataille ennemi, ou même que, pour y pénétrer, elle est obligée de se faire appuyer et soutenir de plus près par les branches latérales de la disposition, ces branches, en s'avançant, s'approchent nécessairement des deux parties de l'ordre de bataille ennemi qui les débordent et les flanquent, et se mettent très en prise.

5°. Que si une attaque aux ailes ne réussit pas, elle ne compromet jamais, jusqu'à un certain point, l'armée qui l'a formée, les corps qui ont été engagés en action ne faisant alors que se replier sur les corps qui se refusoient à l'ennemi, et ces derniers faisant l'arrière-garde. Qu'en outre, l'armée battue se retirant alors en arrière, et en dehors de la position occupée par l'ennemi, elle se trouve tout de suite hors de mesure de lui, et hors de portée d'être poursuivie; car, pour qu'elle le fût d'une manière redoutable pour elle, il faudroit, dans ce cas, que l'armée victorieuse commençât par faire un changement de front qui la remît en mesure avec elle; mouvement pendant lequel cette dernière a le temps de gagner assez d'avance pour se mettre à couvert. J'ai montré, au contraire, comment une armée, qui seroit battue en attaquant par le centre, se trouveroit exposée par sa défaite à une ruine totale.

Malgré ce principe général d'attaquer sur les aîles, il se peut cependant qu'il s'y présente des exceptions favorables. Mais encore une fois, des exceptions ne font pas qu'un principe ne soit pas général, quand il est celui qui doit être le plus habituellement suivi; elles font seulement qu'il n'est pas exclusif, et nous avouons qu'aucun principe de la Tactique moderne n'a cette prétention.

Je vais donner ici quelques exemples de ces exceptions, et par conséquent des cas où il pourroit être avantageux d'attaquer par le centre. Si l'ennemi a la mal-adresse de compromettre son centre en occupant un poste trop détaché du reste de sa position, en sorte qu'on puisse, en l'attaquant, lui couper la communication et le séparer de l'ordre de bataille qui le soutient. Tel étoit le village de Lauffelt, puisque notre cavalerie, après plusieurs attaques successives dans lesquelles ce village avoit été pris et repris plusieurs fois, pût passer entre ce village et l'armée alliée, pour charger en flanc et dissiper l'infanterie qui rafraîchissoit les troupes chargées de la défense du village, et le remportoit aussi-tôt que nous l'avions emporté.

Si l'ennemi compose le centre de son ordre de bataille de manière que les armes n'y soient pas employées relativement à la nature du terrein, aux circonstances et aux règles de la guerre. Si, comme à Hochstet, ce centre se trouve composé tout de cavalerie, parce que les deux armées réunies de Tallard et de Marsin s'étoient campées comme si elles avoient été séparées, et qu'en conséquence le centre commun des deux ordres de bataille se trouvoit formé d'une aile de cavalerie de chacune des deux armées.

Si l'ennemi a exposé son centre dans une position nue et ouverte, ou qu'il l'ait trop dégarni de troupes, pour se renforcer à ses ailes. Je pourrois encore citer d'autres cas d'exception, et les appuyer par des exemples; car, les mauvais généraux ont bien des manières de se mettre en prise, et les fautes de l'ignorance sont encore plus variées que les combinaisons du talent.

Mais lorsqu'on a affaire à un ennemi habile, de semblables exemples ne peuvent guère se renouveler ; car, une fois les ailes d'une position bien appuyées, si la position n'est pas d'une étendue disproportionnée à la force de l'armée, inconvénient dans lequel on évite de tomber, il y a beaucoup de moyens de mettre son centre hors de prise. On le retranche, on le renforce d'artillerie, et l'art en fait bientôt un point formidable ; on le recule en forme de rentrant, en laissant en avant de soi, comme des bastions, ses deux ailes, qu'on a placées dans une bonne position défensive. Enfin, quant à la répartition des troupes, le centre est toujours nécessairement la partie la plus forte d'un ordre de bataille, parce qu'on en fait toujours, vû sa plus grande et son égale proximité de toutes les autres parties, l'emplacement des réserves, et le point de distribution d'où partent tous les renforts et les secours.

Revenons à ce qui concerne l'ordre oblique.

Le degré d'obliquité de la disposition oblique, soit que cette disposition se fasse par lignes ou par échelons, doit être combiné sur la force de l'ennemi, sur sa science, sur sa hardiesse, et plus particulièrement encore sur la nature du terrein, et sur les points avantageux de défensive que ce terrein peut fournir aux parties de l'ordre de bataille qu'on veut refuser. Ainsi, plus l'armée de l'ennemi est supérieure, plus cet ennemi est habile et manœuvrier, et plus on doit avoir attention d'éloigner de lui les parties foibles et défensives de l'ordre de bataille, plus il faut à cet effet que la direction d'obliquité, sur laquelle l'armée est rangée, forme un angle ouvert avec l'aile ennemie qu'on attaque. Il n'est guère possible, au reste, de donner sur cela de principes positifs, car la nature du pays peut être telle que dans de certains points on puisse, sans inconvénient, approcher de l'ennemi les parties de sa disposition qui doivent rester en défensive, parce qu'au moyen de la position qu'offriront ces points, on aura, entre l'ennemi et soi, des obstacles qui l'empêcheront de faire, sur ces parties foibles, un mouvement offensif. Mais ce cas rentre dans la seconde espèce d'ordre oblique.

Cette seconde espèce d'ordre oblique, que j'ai appelé dans ma définition l'ordre de *circonstance*, comme j'ai appelé la première l'ordre de *méthode*, est celle dans laquelle l'armée quoique n'étant point disposée obliquement au front de l'ennemi, se met cependant, soit par la nature du terrein, soit par l'habileté de ses mouvemens, en situation de l'attaquer sur un ou sur plusieurs points, et d'être elle-même hors de prise sur les parties de sa disposition qu'elle veut refuser. Cet ordre est celui qu'on est le plus habituellement dans le cas de prendre à la guerre, parce qu'il est rare que les batailles se donnent dans des plaines absolument rases et découvertes, et où, par conséquent, les dispositions puissent se faire sans relation avec le terrein et dans l'obliquité régulière établie en principes. On est presque toujours assujéti à s'écarter de cette régularité, pour profiter des positions avantageuses offertes par la nature du pays, soit pour favoriser l'illusion qu'on veut faire à l'ennemi, soit pour mettre plus en sûreté les parties défensives de l'ordre de bataille.

Ainsi, j'appelle la disposition de la bataille de Lissa une disposition oblique, quoique l'armée du roi de Prusse ne fût pas rangée obliquement au front des Autrichiens. Mais il attaqua leur aile gauche avec l'élite de ses forces, la prit à revers et la culbuta, tandis qu'il profitoit d'une lisière de hauteurs qui étoit vis-à-vis de leur droite et de leur centre, pour leur faire illusion, les tenir en échec, et y placer, dans une excellente défensive, le reste de son armée affoiblie par les renforts qu'il avoit portés à sa droite.

Ainsi, j'appelle la disposition de l'armée du prince Ferdinand à Crevel, une disposition oblique, parce qu'il tourna et attaqua notre gauche avec l'élite de ses forces, tandis que le reste de son armée, séparé en plusieurs corps, contenoit, en se montrant sur différens points, à la grande portée de canon de nous, le centre et la droite de notre armée.

Ainsi, je pourrois dire que presque toutes les armées qui ont engagé des batailles depuis un siècle, les ont engagées dans l'ordre oblique, puisqu'elles ont réduit leur attaque à des points; et je le dirois, s'il n'étoit pas vrai que dans la plupart de ces batailles (j'en excepte celles qu'a données le roi de Prusse) on a pris cet ordre par des moyens très-imparfaits, et sans avoir une connoissance raisonnée et théorique de son mécanisme et de son objet.

L'ordre oblique de la seconde espèce étant celui qui s'adapte le plus facilement aux terreins et aux circonstances, il est donc celui dont les généraux doivent faire particulièrement leur étude. Et où cette étude peut-elle se faire avec succès? C'est dans des camps d'instruction; c'est à la guerre, qui offre des leçons bien plus variées et plus vraies; c'est, si je puis m'exprimer ainsi, à force de manier les troupes et les circonstances. La théorie peut poser des principes où il n'y en avoit pas; mais c'est ensuite au génie à en faire l'application.

Formation des Ordres de bataille suivant le système de M. de M.... D....

Il n'est point aisé de rendre compte des principes et des moyens par lesquels M. de M.... D.... prétend arriver à la formation de ses ordres de bataille. Le camp de Bayeux ne nous a point fourni sur cela des lumières positives; car, comme nous l'avons déjà dit, on n'y a pas exécuté un seul ordre de bataille relatif au terrein et aux circonstances. Tout s'y est borné à des manœuvres en ligne de colonne, à quelques changemens de front, et une seule fois à une informe représentation d'une disposition qui nous a paru avoir quelque analogie avec l'ordre perpendiculaire exposé dans la planche V des Fragmens de Tactique. C'est donc dans ces Fragmens, qui sont l'ouvrage le plus récent de M. de M.... D...., que nous sommes réduits à chercher quelques détails qui puissent donner à nos lecteurs une idée de la manière dont M. de M.... D.... forme ses ordres de bataille. En lisant ces détails, nos lecteurs nous sauront gré de n'avoir pas multiplié nos citations, et sur-tout de ne pas nous être allongés en commentaires et en réfutations. C'étoit le cas, ou jamais, de nous souvenir que *le secret d'ennuyer est celui de tout dire.*

Voyons d'abord un petit résumé de M. de M.... D.... sur les ordres parallèles.

« Les parallèles simples et doubles sont, selon les circonstances, très-capables d'extension et de contraction. Le simple peut, sans inconvénient et sans beaucoup d'affoiblissement, donner à ses intervalles quelques toises de plus, et par ce moyen, déborder un ennemi d'égale force allongé sur deux lignes; il peut leur en donner moins pour opposer, non pas deux bataillons à un, mais six à deux. Il peut, sans être double dans toute son étendue, l'être dans quelques parties renforcées ainsi par des réserves, etc.

» La formation de l'ordre parallèle est le développement ordinaire de l'ordre de marche habituel; développement toujours le même pour chacune des trois espèces, mais plus ou moins long, selon qu'il sera plus ou moins total. Ainsi, le parallèle double sera plutôt formé que le simple, qui, lui-même, sera plutôt formé que le parallèle

» allongé ; et le développement des premiers » n'est autre chose que celui du dernier, arrêté » à tel point.

» La formation du simple, tel que le pré- » sente la deuxième planche, est, à compter » du moment où le commencent les dou- » bles colonnes *rapprochées* et séparées par » une rue de 26 toises, une manoeuvre de 4 à » 5 minutes, supposant que dans la marche » chaque colonne étoit de 12 bataillons.

Preuve.

« Extension. . . . 5 × 34 = 170
» Rapprochement. . 5 × 12½ = 21
3

Total. . . . . 191 toises.

» La formation du double, dans le même » cas, est de deux minutes au plus.

Preuve.

» Extension. . . . 2 × 34 = 68
» Rapprochement. 2 × 12½ = 8
3

Total. . . . . 76 toises.

» Le parallèle, allongé sur deux lignes, n'ayant » pas plus à s'étendre que le simple sur une, » ne seroit plus long à former que des 32 toises » qu'il faut compter pour le développement » particulier d'un bataillon ».

Mais des extraits partiels et tronqués pouvant toujours paroître suspects, imposons à nos lecteurs l'obligation de lire un exemple tout entier d'une formation d'ordre oblique par le centre. Je l'ai déjà dit, tous les exemples de formations d'ordre de bataille que M. de M.... D..... donne dans ses Ouvrages, sont par le centre, son principe favori étant d'engager les attaques de préférence sur ce point.

« Il s'agit (dit M. de M.... D....) d'une » armée de 48 bataillons, 72 escadrons, et 72 » pièces de parc. J'écarte ce qu'il peut y avoir » en outre de troupes légères, et même de » réserve, comme pièces étrangères au fond » de la manœuvre et disposition, ainsi que » l'usage accessoire qu'en voudra faire le » général.

» Cette armée, qui marchoit dans son or- » dre habituel sur quatre colonnes, est arri- » vée, sur l'alignement où elle veut se dé- » ployer, *en doubles colonnes rapprochées*, » comme elles le sont toujours au moment du » développement. Cette armée de 32,256 hom-

» mes d'infanterie, 6,912 de cavalerie, tient
» pour l'infanterie 1,556 toises de front, pour
» chaque aile 420, en tout 2,408, parce qu'elle
» a voulu égaler le front de son ennemi, allon-
» gé à la moderne, et pour cela n'a formé
» qu'une ligne, dans laquelle chaque batail-
» lon, qui est encore en franche colonne,
» tient, tant pour lui que pour son intervalle,
» 36 toises; seulement elle a 4 bataillons en se-
» conde ligne, 2 au centre, 1 à chaque flanc.
» Les grenadiers et chasseurs sur deux rangs,
» sont, dans les intervalles, alignés sur les
» têtes, ainsi que les canons de régiment, s'il
» y en a, de manière que le tout présente une
» ligne à-peu-près contigue. 24 escadrons sont
» placés, comme on voit, en arrière des in-
» tervalles des bataillons; le reste est partagé
» entre les deux ailes, chacune de 24 esca-
» drons, sur deux lignes, ayant entre eux des
» intervalles égaux à la moitié de leurs fronts.
» Ces ailes sont de 240 toises en arrière de la
» ligne d'infanterie. Les 24 escadrons de l'aile
» droite sont les 18 de la première colonne et
» les 6 derniers de la seconde. Il en est de même
» à la gauche; les 4 divisions d'artillerie, au mo-
» ment du développement, se sont portées sur
» le front, passant par les rues des doubles co-
» lonnes, et aussi-tôt se sont mises en batterie.

» Nous avons vu précédemment que le dé-
» veloppement de cet ordre parallèle, au pas
» redoublé le plus modéré, est de 5 minutes,
» et même de 4 pour tous les bataillons de
» l'armée, excepté 4. Nous avons vu aussi que
» la formation de la cavalerie n'est pas plus
» longue.

» Je suppose que l'armée, qui d'abord s'étoit
» ainsi formée, veut faire une attaque oblique
» par le centre, sur un front de 6 bataillons,
» tenant ensemble 188 toises, et par consé-
» quent, arrivant sur celui de 3 bataillons
» ennemis.

» Pour cela les 4 bataillons du centre, avec
» les deux qu'ils ont en 2e ligne, ne feront
» que marcher en avant, sans songer à la
» manœuvre, ni s'occuper d'autre chose que
» de joindre l'ennemi par le plus court chemin.
» Seulement ils ne partiront au pas redoublé
» qu'après avoir parcouru 36 toises au pas
» ordinaire (1); en même temps que ces 6

(1) » Ils pourroient, sans aucun inconvénient, négliger cette petite attention. Car, comme on l'a déjà observé, nos manœuvres ne sont pas *scrupuleuses*. Qu'en arriveroit-il en effet si en abordant l'ennemi, les 4 bataillons du centre du front se trouvoient avancés de ces 36 toises; les bataillons de droite et de gauche (4.3.) seulement aux points où la figure présente (2, 1.)? (*Ces chiffres sont les numéros que M. de M.... D....*

» bataillons s'ébranleront, les 5 qui sont à leur » droite (9. 4. 2. 1. 3.) marcheront par la » gauche, toujours au pas redoublé. Après » avoir ainsi parcouru 36 toises, (9) se remettra » de front, pour marcher en 2e ligne à la suite » de (10) : (4) arrivé en même temps à la place » d'abord occupée par (9), se remettra aussi de » front, et marchera aligné sur le front de » l'attaque dont il tiendra la droite : (2) arri- » vant ensuite au même point, se mettra en 2e » ligne à la suite de (4) : enfin (1. 3.) se remet- » tront de front, lorsqu'ils se trouveront en 3e » ligne à la suite de (9. 2.), sur quoi on peut » remarquer que ces derniers (1. 3.) ont à par- » courir 36 toises plus que les autres; d'où il » arrivera, s'ils ne forcent de vîtesse un temps, » que cette 3e ligne sera un peu plus reculée » que ne la montre la figure : mais c'est chose » très-indifférente; car il faut remarquer que

a attachés à ses bataillons et escadrons, pour faciliter l'intelligence de ses manœuvres) La disposition n'en seroit pas moins bonne; je ne serois pas étonné même qu'on la trouvât meilleure; et, si je recommençois la Planche, je la formerois ainsi, pour supprimer cette bagatelle de 36 toises, et rendre, pour les bataillons qui ont la tête de l'attaque, le temps du changement d'ordre exactement nul. » *Note de M. de M..... D.....*

» dans ce mouvement chaque bataillon ne » conservant d'avance sur celui qui le suit, » que les 36 toises dont il étoit en ligne plus » avancée vers la gauche, il ne se trouve que » ces 36 toises de la première ligne à la se- » conde, compris une des deux épaisseurs ; et » qu'il n'y auroit nul inconvénient que ces » lignes fussent tant soit peu moins rappro- » chées.

» En même temps que les 5 bataillons de » la droite manœuvreront ainsi par la gauche, » les 5 de la gauche (5. 3. 1. 2. 4.) manœuvre- » ront de même par la droite, et cela seul » formera, dans l'ordre où on le voit, la divi- » sion de 16 bataillons qui doit faire l'attaque. » Mais je ne parlerai plus de la manœuvre de » la gauche, entièrement pareille à celle de la » droite.

» Remarquons bien seulement, avant d'al- » ler plus loin, que, pour former cette divi- » sion d'attaque telle qu'on la voit, et l'ap- » porter à ce point, 336 toises en avant de la » position parallèle, il n'a fallu que le temps » qu'auroient mis ses premiers bataillons à en » parcourir, sans aucune manœuvre, 372 ; de » sorte que pour toute cette division le chan- » gement d'ordre n'a pas une minute de lon- » gueur réelle : ou plutôt cette longueur est

» exactement nulle, comme on vient de le voir
» par la note, pag. 132.

» Pendant que la tête d'attaque se formera
» et avancera ainsi, les 8 bataillons qui sont
» à sa droite, et qui doivent former le pre-
» mier échelon, marcheront ensemble par la
» gauche. Lorsqu'ils auront parcouru 36 toi-
» ses, les 4 premiers (5. 6. 7. 8.) se remettront
» de front, et marcheront; les trois suivans
» (12. 11. 10.) par la gauche encore 108 toises,
» puis se remettront de front, et marcheront
» en 2e ligne à la suite des précédens; enfin,
» le dernier (9) marchera encore 36 toises,
» avant de se remettre et de marcher en 3e
» ligne à la suite de (10). La formation de cet
» échelon est donc en tout de 144 toises, car
» le dernier bataillon qui marche 36 toises de
» plus par la gauche, les a de moins à par-
» courir en avant, et ces 144 toises se faisant
» par la première ligne au pas ordinaire, l'é-
» chelon finira de se former, comme on voit,
» au moment où elle sera 108 toises en avant
» de la position parallèle, et de 108 toises aussi
» en arrière du front de l'attaque; de sorte que
» cet échelon parcourra encore 36 toises au
» pas ordinaire, si l'on veut qu'il soit, selon
» la figure, reculé sur l'attaque de 144 toises.
» Au reste, pour d'autant mieux marquer la

» manœuvre, on peut tenir d'abord le front » de l'échelon à hauteur de celui de l'attaque, » sauf à le mettre ensuite au pas ordinaire, ou » même l'arrêter tout court, autant qu'il fau- » dra, pour perdre les 144 toises.

» Le deuxième échelon sera formé par les » huit bataillons de la droite de l'armée, » dans l'état où ils se trouvoient dans la » position parallèle. La figure le représente à » 192 toises du premier, parce qu'elle suppose » celui-ci retardé, comme nous avons vu, de » 144, et la manœuvre commencée à 336 de » l'ennemi, quoiqu'elle puisse se faire de beau- » coup plus près.

» Le troisième échelon est formé par l'aile, » dans sa position, 240 toises en arrière de l'in- » fanterie, 576 de l'ennemi. Mais il est bien aisé » d'avancer ces derniers échelons autant qu'on » le jugera à propos; l'affaire de la manœuvre » en elle-même, est de les refuser tout natu- » rellement, tout au moins autant qu'ils ont » besoin de l'être.

» Quant aux 24 escadrons qui, dans l'ordre » parallèle, étoient en arrière de l'infanterie, » les quatre colonnes du centre, chacune de » 4 demi-escadrons, suivront l'attaque comme » l'indique la correspondance des chiffres, et » pour cela ne feront que marcher en avant

» appuyant un peu sur le centre. Ils sont pla-
» cés en arrière et au droit des intervalles du
» front, de manière à pouvoir également sor-
» tir en avant pour dissiper les ennemis rom-
» pus, ou par côté pour charger en flanc ce
» qui voudroit marcher contre le front du
» premier échelon. Les 4 escadrons (5.6.7.8.),
» je parle toujours de la droite, appuyant un
» peu sur leur gauche, iront se placer, comme
» on voit, à la gauche du premier échelon,
» pour protéger le flanc de la division atta-
» quante. Enfin, les 4 autres (9. 10. 11.12.),
» qui étoient en arrière de la droite d'in-
» fanterie, se placeront sur une ligne à la
» gauche du deuxième échelon. On voit assez
» que ces mouvemens de cavalerie ne sont
» rien, et ne se feront nullement attendre ;
» on voit aussi, que, pour marquer d'autant
» mieux la manoeuvre, on peut, avant qu'elle
» commence, porter ces deux parties de cava-
» lerie sur le front de l'infanterie, au moyen
» de quoi tous les bataillons qui ont à mar-
» cher par le flanc seront couverts ou par cette
» cavalerie, ou par d'autres bataillons marchant
» en avant.

» En même temps, et même avant que la
» manœuvre commence, les deux divisions
» d'artillerie du centre, renforcées des réserves

» d'artillerie, s'il y en a, se porteront brus» quement en avant, à la distance et à la » place la plus commode, pour protéger l'at» taque, et tonner sur toutes les batteries qui » se présenteront. Quant aux divisions de » droite et de gauche, la moitié restera en » avant du troisième échelon, l'autre moitié » se portera, comme on voit, en flanc du » premier.

» Ce seroit injurier le lecteur, que de trop » m'arrêter à lui montrer combien cette dispo» sition et ces manoeuvres sont avantageuses. » Il n'est pas plus nécessaire de prouver encore » que l'ennemi ne peut tenir un moment » contre cette attaque, ni trois bataillons à » qui elle s'adresse, résister à seize soutenus » de huit escadrons; ou, si l'on ne veut » compter que la première ligne, quoique la » seconde la soutienne de si près et de manière » qu'elles peuvent agir réellement ensemble, » que ces 3 bataillons ne peuvent tenir contre » 6 renforcés encore des grenadiers et chas» seurs de 6 autres. Il n'est pas moins visible » que la ligne ennemie ainsi percée avec la » plus grande facilité, et les bataillons rom» pus aussitôt dissipés par la cavalerie avec la » même facilité, cette attaque en perceroit une » deuxième, et s'il le falloit, une sixième; que

» la brêche s'ouvrira rapidement, et que la » ligne percée s'éboulera d'elle-même, les » parties collatérales ne pouvant attendre » qu'elles soient chargées de front par les éche- « lons en même temps qu'elles le seroient en » flanc par la division victorieuse, et par la » cavalerie qu'elle mène à sa suite; que, pen- » dant que cette division gagne ainsi la bataille, » l'ennemi ne peut engager le combat dans les » autres parties; qu'il ne peut charger le flanc » de cette division, ni celui d'aucun échelon, » ni même les fronts de ces échelons, sans se » faire lui-même charger en flanc; qu'il n'a » pas même le temps d'arriver sur ces échelons; » qu'aucun accident ni contrariété ne peut » arrêter l'effet de la manœuvre, ni empêcher » toutes les pièces de suivre leur vocation, » et remplir leur objet, les échelons suivant » toujours le mouvement de l'attaque, sans » aucun retardement ni changement de direc- » tion, sans retarder non plus d'un pas la » division attaquante, ni qu'elle ait besoin de » songer à eux jusqu'à ce que toutes les lignes » de l'ennemi soient renversées, et son armée » dehors du champ de bataille.

» Il n'est pas moins évident que, quand la » manœuvre se feroit d'aussi loin que nous le » supposons, et au pas de 40 toises, beaucoup

» trop lent, l'ennemi ne pourroit la voir et
» juger à temps d'y porter remède. En effet,
» du premier pas de cette manoeuvre, au mo-
» ment où il seroit percé, il ne se passeroit
» jamais que 8 à 9 minutes, desquelles il s'en
» perdroit encore une bonne partie avant qu'il
» y vît clair, car les premiers échelons parois-
» sent d'abord marcher aussi bien que la partie
» attaquante ; les seconds, s'ils ne marchent
» point ou cessent promptement de marcher,
» ne peuvent encore donner que des soupçons
» très-vagues, sur-tout étant mal vus à tra-
» vers quelques troupes jetées en avant pour
» un moment, et y faisant des manoeuvres
» qui ne signifient rien : les parties manoeu-
» vrantes sont marquées ; enfin, les ailes, les
» supposant même tranquilles à leurs postes
» de derniers échelons, ne disent rien, sinon
» qu'elles ne se pressent pas d'essuyer du feu,
» mais peuvent d'un moment à l'autre arriver
» au galop. De ces 8 ou 9 minutes, l'ennemi en
» perdra donc tout au moins 4 ou 5. Et que
» fera-t-il dans les 4 ou 5 autres?

» Ce sera bien pis si la manoeuvre se fait,
» non pas à 336 toises, mais à 200 ; si, au lieu
» de 40 toises par minute, on en parcourt 60 ;
» alors du premier pas de la manoeuvre, au
» premier coup de bayonnette, il ne sera pas

» question de 9 minutes, mais de 3 ou 4. » L'ennemi, pour le voir, juger et parer, en » aura une ou deux. En un mot, le change- » ment d'ordre et la charge seront l'éclair et » la foudre.

» Si à présent nous ajoutons à cette forma- » tion celle de l'ordre parallèle lui-même, et » supposons que l'armée est venue former » celui-ci à 300 toises de l'ennemi pour le » tromper par l'étalage de cette fausse dispo- » sition, puis aussitôt après a formé l'oblique » et attaqué, *du premier pas du développement* » *au premier coup de bayonnette*, il y aura » (au pas de 40 toises) 13 minutes et demie, » dont 5 pour le développement parallèle, 1 » pour le changement d'ordre (que nous ne » devrions pas compter) et 7 et demie pour » arriver » (1).

Nous nous croyons dispensés de nous engager ici dans une analyse approfondie. Comment réfuter en forme ce qui tombe de soi-même à la simple lecture ? Qui pourroit croire, si je n'exposois ici le texte en entier, que de pareilles manoeuvres ont été sérieusement proposées ? Quoi, d'abord à 300 toises, et ensuite

(1) Fragmens de Tactique, Mémoires sur les ordres de bataille, pag. 170 et suivantes.

à 200 toises de l'ennemi, on hasardera de semblables mouvemens, on formera ces échelons à la toise, à la minute, tantôt au pas ordinaire, tantôt au pas redoublé ; les uns marchant en avant, les autres s'arrêtant ; d'autres marchant par leur flanc, d'autres enfin se remettant de front ! Et cet étrange emploi de la cavalerie ! Et les colonnes du centre composées chacune de 4 demi-escadrons, lesquels doivent suivre l'attaque, et pour cela ne faire *que marcher en avant, appuyant un peu sur le centre*, puis ensuite *se placer en arrière et au droit des intervalles du front, de manière à pouvoir également sortir en avant pour dissiper les ennemis rompus, ou par côté pour charger en flanc ce qui voudroit marcher contre le flanc du premier échelon !* Et ces 4 autres escadrons, qui, *appuyant un peu sur leur gauche, iront se placer à la gauche du premier échelon pour protéger le flanc de la division attaquante !* Et ces quatre autres enfin *placés sur une ligne à la gauche du deuxième échelon !* Le beau rôle que joueroit de la cavalerie ainsi morcelée et exposée à tout le feu d'une attaque, puisqu'elle doit accompagner les mouvemens des échelons ! Et ces deux divisions d'artillerie *qui se portent brusquement en avant pour protéger l'attaque, et tonner sur toutes les batte-*

ries qui se présenteront ! Ce seroit de l'artillerie bien en sûreté quand elle seroit ainsi étalée en avant des échelons ! Elle seroit sur-tout bien avantageusement postée, l'artillerie ennemie ne pouvant manquer de la battre en flanc, puisque la disposition de M. de M.... D..... est débordée des deux côtés ! Et cette infanterie *qui doit parcourir soixante toises à la minute !* Et *ce changement d'ordre et cette charge*, qui, au moyen de cette prodigieuse vîtesse, *doivent être comme l'éclair et la foudre !* Et cette attaque *qui doit enfoncer ses lignes avec la même facilité qu'une seule !* Et *cette brêche* de l'ordre de bataille ennemi *qui doit s'ouvrir en un moment !* Et *cette ligne percée qui doit s'ébouler d'elle-même !* Et cette seule division enfin de l'armée de M. de M.... D..... qui doit *gagner la bataille à elle toute seule, sans que l'ennemi puisse engager le combat dans les autres parties, sans qu'il puisse ni charger le flanc de cette division, ni celui d'aucun échelon, ni même les fronts de ces échelons ; en un mot, sans qu'aucun accident ni contrariété puisse arrêter l'effet de la manœuvre, ni empêcher toutes les pièces de suivre leur vocation !* etc.

Que dire des autres exemples de formation d'ordres de bataille donnés par M. de M.... D..... ? Ce sont tout des manœuvres du même genre et partant des mêmes principes. Aucune d'elles n'offre de relation avec le terrein. Ce sont toujours des figures et des points se remuant à plaisir et sans obstacle sur du papier blanc. Nous allons montrer en opposition la Tactique moderne, comptant un peu plus avec les moyens et les circonstances, et donnant par-là des hypothèses vraisemblables, et que la guerre peut réaliser.

Formation des Ordres de bataille suivant la Tactique moderne.

C'EST sur la formation des ordres de bataille que la Tactique moderne a fait, ou, pour parler plus juste, est en chemin de faire la révolution la plus importante et la plus complette. Avant elle, les armées n'étoient ni divisées, ni constituées de façon à pouvoir être manoeuvrières. Les différens corps qui les composoient ne se remuoient individuellement que par des méthodes lentes, lourdes, et dont elles n'avoient pas même l'habitude. Les officiers généraux n'avoient point d'usage de manier les troupes. De cette ignorance et de cette mal-adresse générale, tant de la part des agens que des conducteurs, il résultoit qu'il falloit plusieurs heures pour mettre une armée en bataille; qu'une fois cette armée en bataille, on n'osoit, de peur de tout confondre, de tout perdre, faire le moindre changement dans sa disposition. Il résultoit enfin, qu'il falloit toujours combiner l'ordre de marche sur la disposition qu'on vouloit prendre.

Ainsi, par exemple, on se mettoit en marche avec l'objet d'attaquer l'ennemi sur tel ou tel point; on renforçoit en conséquence telles ou telles colonnes: arrivoit-on en présence de l'ennemi, l'ordre de bataille étoit dicté par l'ordre de marche, et se prenoit en conséquence. Que s'ensuivoit-il cependant? C'est que souvent cet ordre de bataille se trouvoit vicieux, ou parce qu'on avoit eu de fausses connoissances du terrein ou de la position de l'ennemi, ou parce que l'ennemi avoit fait des changemens dans sa disposition. Comment y remédier? Le moyen de changer rapidement sa disposition primitive avec une Tactique aussi imparfaite! Quand un général se seroit senti le génie capable de l'entreprendre, comment oser le tenter avec des troupes et des officiers généraux incapables d'aucune grande manœuvre? C'étoit une si lente opération alors que celle de mettre une armée en bataille! Qu'arrivoit-il encore? C'est que l'armée employant un temps infini à passer de l'ordre de marche à l'ordre de bataille, l'ennemi pouvoit à loisir juger la force des colonnes, le point vers lequel elles se dirigeoient, l'objet qu'elles avoient en vue, et faire ses dispositions en conséquence. S'il falloit des exemples pour appuyer ce que j'avance ici, j'en pourrois citer en foule, et la dernière guerre m'en fourniroit plusieurs.

Dans la Tactique moderne, on arrive d'une manière toute différente à la formation des ordres de bataille. Veut-on, par exemple, aller attaquer l'ennemi ? Comme on peut ne pas connoître précisément la position qu'il occupe; comme, quand même on la connoîtroit, on ne peut pas être sûr, qu'instruit du mouvement qu'on fait sur lui, il ne fera pas quelques changemens dans sa position ou dans la disposition par laquelle il compte la défendre; on met l'armée en marche dans l'ordre habituel, les colonnes étant toutes égales, et formées chacune d'une division. Ainsi disposée, l'armée s'avance, le général étant en avant d'elle, à la tête de l'avant-garde. On arrive à portée de l'ennemi, et alors le général détermine son ordre de bataille conséquemment à la nature du terrein, à la position qu'occupe l'ennemi, et à la disposition qu'il a prise. Il renforce ou affoiblit à cet effet telles ou telles colonnes qu'il juge à propos, fait avancer l'une, retarde l'autre, ou la laisse en arrière; dirige celle-là vers un point, celle-ci vers un autre; puis, quand sa disposition générale est faite, donne le signal pour la formation de l'ordre de bataille. A l'instant toutes ses troupes, qui sont accoutumées à l'exécution des grandes manoeuvres, qui ont des méthodes simples et rapides pour y parvenir, prennent la disposition particulière qui leur est ordonnée, soit en se mettant en bataille, soit en se tenant en colonnes sur les points convenus, prêtes ou à se déployer, ou à déboucher, ou enfin faisant illusion à l'ennemi, et le menaçant si c'est-là leur objet; les parties destinées à attaquer, engagent en même temps l'action, de sorte qu'elle commence avant que l'ennemi ait eu le temps de démêler où l'on veut le frapper, ou s'il le démêle, de changer sa disposition pour y parer.

Mais ce n'est point encore là tout l'usage qu'un général habile peut faire de la Tactique moderne. Rappelons-nous que marchant à la tête de son avant-garde, il a derrière lui toutes ses colonnes qu'il tient pour ainsi dire dans sa main, et prêtes à prendre les dispositions qu'il leur indiquera. Arrivé à la vue de l'ennemi, et ne trouvant pas que celui-ci soit en posture désavantageuse, il manœuvre vis-à-vis de lui, il cherche à lui donner le change; il emploie toutes les ressources du terrein et de la Tactique pour lui faire illusion sur son projet. Il feint des mouvemens offensifs sur une aîle pour former ensuite et en même temps son attaque sur un autre point. Là, il fait un grand étalage de forces, soit en présentant des colonnes à distances ouvertes, soit en multipliant des têtes de colonnes dont il dérobe la profondeur : ici, il cache ses forces en tenant ses troupes en colonnes serrées. Il fait si bien, en un mot, que si l'ennemi n'est pas aussi habile que lui, il prend le change, abandonne ou occupe un poste qui le met en prise, ou bien s'affoiblit dans un point, soit en y laissant trop peu de troupes, soit en en laissant trop peu de l'arme propre à le défendre, soit en y laissant les troupes les moins bonnes de son armée; car, ainsi que je l'ai déjà observé, il y a bien des manières de se faire battre à la guerre. Alors cette faute est saisie, et le général habile et manœuvrier porte sur le champ des efforts sur cette partie foible. Si cependant l'ennemi ne se met en prise ni par sa position ni par sa disposition, alors ce général se trouve n'avoir rien engagé, rien compromis. Il se retire, prend une position, et fait naître une occasion plus favorable.

Telle est la véritable science de la formation des ordres de bataille. Telle est celle dont le roi de Prusse nous a donné à la fois les préceptes et les exemples. Jusqu'ici, il faut en convenir, la pratique de cette science est concentrée dans sa tête et dans son armée. Nous n'avons aucune idée, ou pour parler plus juste, aucun usage, ce qui revient presqu'au même, de ce grand genre de guerre, de cette manière de reconnoître l'ennemi avec toutes ses forces, de lui présenter le combat, de l'induire à des fautes, et d'en profiter avec rapidité. Nous ne savons point prendre d'ordres de bataille momentanés et combinés sur le terrein et sur les circonstances. Nous ignorons enfin l'art de remuer et de manoeuvrer les armées. Mais nous ne sommes pas les seuls qui l'ignorons. Les Autrichiens qui ont fait une guerre entière contre le roi de Prusse, qui ont éprouvé ce que cet art lui a donné de supériorité, l'ignorent de même; et jusqu'à ce qu'ils aient donné et gagné ce que j'appelle une bataille manoeuvrière, je suis fondé à dire que cet art est encore un mystère pour eux.

Quoi, me dira-t-on, les Autrichiens qui ont quelquefois battu, surpris, contenu le roi de

Prusse pendant la guerre dernière, qui viennent encore dans le commencement de celle-ci, de rendre pendant deux mois tous ses efforts inutiles, ne connoissent pas l'art de manœuvrer les armées ? Non, ils ne le connoissent pas; car on pratique ce qu'on connoît, et ils ne l'ont jamais pratiqué. Jamais même ils n'en ont fait un objet d'étude dans leurs camps de paix ; ou , quand ils ont voulu l'étudier , ils ont employé de mauvaises méthodes et de faux principes. L'immense science de la guerre est composée d'une infinité de parties. Les Autrichiens savent prendre des positions, se retrancher et combattre. Ils ont pu faire échouer à Colin, par la bonté et par la valeur de leurs troupes, toutes les ressources de l'art employées par le roi de Prusse dans cette grande journée. Ils ont pu surprendre le roi de Prusse à Hohenkirchen , couper et envelopper le général Finck à Maxen , prendre des positions inattaquables la campagne dernière, et se tenir habilement en mesure sur une ligne de défense savamment choisie. Mais l'art de remuer des armées, de donner des batailles, de les gagner par l'ascendant des manœuvres, est une autre branche de la guerre, et celle-là leur est jusqu'à présent inconnue.

Nous entendons sans doute aussi de grandes

parties de la guerre. Nous savons gagner des batailles de postes, avoir des succès partiels, faire la guerre par corps et par détachemens; mais l'art des grandes manœuvres et des mouvemens généraux nous manque encore plus qu'aux Autrichiens. Les Autrichiens, habitués à faire la guerre contre le roi de Prusse, ont appris, sinon à manœuvrer eux-mêmes en grand, du moins à balancer la supériorité de ce prince sous ce rapport, par une défensive vigoureuse, et à beaucoup d'égards bien entendue. L'expérience leur a enseigné à se tenir en garde contre cette supériorité, et à ne pas se compromettre vis-à-vis du roi de Prusse, ni en pays ouvert, ni en marche, ni en manœuvre. Cette expérience nous manque; et, si dans l'état où nous sommes, nous nous trouvions tout d'un coup en présence d'une armée manœuvrière, commandée par un chef habile, il pourroit nous arriver, ainsi qu'il est arrivé aux Autrichiens, d'être étonnés quelque temps d'un genre de guerre qui nous paroîtroit nouveau, et de n'acquérir la même expérience que par des malheurs.

Cette manière de ne jamais faire la guerre en masse, c'est-à-dire, de ne point manœuvrer avec toute son armée à la fois; de ne point oser donner de grandes batailles, enfin de se morceler, de se compromettre sans cesse en corps séparés, en mouvemens de détail, nous est si habituelle, que je ne puis me dispenser d'y revenir. Elle est totalement opposée aux principes de la grande Tactique moderne ; elle ne doit avoir lieu qu'autant que l'armée qu'on commande est mal-adroite aux grands mouvemens ; qu'on ne peut compter ni sur les officiers-généraux, ni sur les troupes qui la composent ; qu'on a besoin de l'aguerrir par degrés, et de suppléer, par quelques petits succès de détail, au défaut d'opérations générales et décisives. Elle n'est enfin qu'une dégradation de l'art, et un véritable diminutif de la grande guerre. Ceci est trop important et tient trop directement à l'objet de ce chapitre pour ne pas être développé avec plus de détail.

Il y a sans doute, des opérations, des positions, des circonstances, qui imposent la nécessité de former des corps détachés et des avant-gardes ; mais, autant qu'il est possible, ces corps ne doivent pas être permanens, et composés à demeure des mêmes troupes et des mêmes officiers-généraux. Il ne faut pas surtout y attacher d'état-major, et rien de ce qui constitue une réserve ou un corps séparé. Ces petits corps prennent alors de grandes prétentions ; ils deviennent incommodes au général et à l'armée ; ils s'animent d'un esprit particulier, qui n'est presque jamais celui de l'armée ; ils combinent exclusivement pour eux, s'occupent de se conserver le plus entiers et le plus indépendans qu'ils peuvent, et deviennent indifférens aux succès et aux échecs qui ne sont pas les leurs. Ce principe, prudent à adopter par-tout, l'est par-dessus tout dans une armée françoise ; mais passons à des motifs plus généraux, et tirés des grandes raisons de guerre.

Est-on supérieur à l'ennemi ? Il faut rarement se morceler ; car on se remet, par ce morcellement, de niveau à lui, on s'expose à faire battre les corps qu'on détache, et à perdre en détail l'avantage qu'on avoit en restant ensemble. Est-on inférieur à l'ennemi ? On doit à plus forte raison faire la guerre sans se morceler ; car, en se divisant ainsi, on se réduit à être par-tout sur la défensive, par-tout dans l'inquiétude, par-tout exposé aux échecs et aux coups de main. Est-on en offensive décidée, et dans une grande opération à portée de l'ennemi ? Il faut à plus forte raison se tenir ensemble : il faut même rappeler à soi tous ses corps détachés et ses troupes légères. En effet, si l'on veut attaquer, pourquoi se découvrir, s'annoncer, se mettre en prise sur quelque point? Il seroit à desirer que quand l'ennemi voit arriver la première troupe, toute l'armée fût à son appui, et qu'il ne fût plus à temps de parer le coup qu'elle va porter. Si l'on est en défensive; si l'on craint d'être attaqué, est-il une meilleure disposition que celle d'être réuni et prêt à faire résistance où l'ennemi voudra faire effort?

Si cet excellent principe, de ne morceler une armée que le moins qu'il est possible, pouvoit être contesté; s'il étoit besoin d'une autorité pour l'appuyer, je pourrois citer celle du roi de Prusse. Toutes les fois qu'il est en marche offensive à portée de l'ennemi, son avant-garde tient toujours à ses colonnes, et elle n'en est jamais éloignée de plus d'une demi-lieue. Cette avant-garde est composée de hussards, de dragons, de bataillons de grenadiers, avec quelques pièces de canon. Il y est en personne, avec les officiers-généraux commandant ses colonnes. C'est de-là qu'il reconnoît l'ennemi et qu'il détermine l'ordre de bataille qu'il veut prendre, tenant toutes ses colonnes en mouvement derrière lui; indiquant ensuite à chaque commandant de colonne les points où il doit se porter, et les objets qu'il doit remplir; masquant s'il se peut, avec son avant-garde, ce qui se passe derrière elle ; puis, au moment de la formation de l'ordre de bataille, portant cette avant-garde en renfort au point d'attaque, et engageant le combat avec elle, tandis que ses colonnes se développent à son appui ; tout ce mécanisme intérieur s'opérant d'ailleurs avec tant d'accord et de vîtesse, que l'ennemi étonné démêle difficilement la disposition qu'il va prendre.

Par la même raison que le roi de Prusse, dans ses marches de manoeuvres offensives, a son avant-garde presque immédiatement à la tête de ses colonnes, dans ses marches de retraite à portée de l'ennemi, son arrière-garde tient de même à son armée ; aussi n'a-t-il jamais eu d'affaire d'arrière-garde. Le moyen que des armées peu manoeuvrières s'engagent à attaquer une arrière-garde d'élite, soutenue par une armée habile à s'arrêter, à former une disposition, ou à faire, au besoin, un mouvement offensif en avant ! Pour des troupes légères et des avant-gardes, elles ne s'y compromettront certainement pas ; elles n'auroient que des coups à y gagner.

Après les vues générales exposées ci-dessus, concernant la formation des ordres de bataille, passons aux détails qui y ont rapport.

L'ordre parallèle n'étant plus, comme je l'ai démontré, qu'un ordre de bataille de méthode et de principe, je n'ai pas besoin de m'étendre ici sur les détails de sa formation : ils sont si simples qu'ils n'ont pas besoin d'explication. Je renvoie d'ailleurs à cet égard à l'Essai général de Tactique. On y verra, dans les manœuvres du camp d'instruction, trois marches suivies de la formation d'un ordre parallèle pris alternativement par les déploiemens sur la droite, sur la gauche et sur le centre. Il ne faudroit qu'adapter à ces manœuvres les méthodes actuelles de l'ordonnance, qui, relativement à quelques détails, valent mieux que ce que j'ai proposé alors. Il y a dix ans que l'Essai général de Tactique est fait, et il y a eu des détails approfondis et perfectionnés depuis.

Mais encore une fois, l'ordre parallèle, et sur-tout l'ordre parallèle régulier et contigu, ne pouvant jamais être d'aucun usage à la guerre, il n'est bon de le faire former dans un camp d'instruction que les premiers jours seulement, et uniquement pour bien affermir les troupes et les officiers-généraux dans les détails de l'organisation primitive de l'armée, ainsi que dans ceux de la formation des colonnes de marche, de la marche en elle-même, et ensuite des mouvemens préparatoires de déploiement, de l'observation des distances entre les colonnes, du déploiement, etc. etc.

Qu'il me soit permis de renvoyer de même à l'Essai général de Tactique pour tous les détails de la formation de l'ordre oblique. On y verra dans les manoeuvres du camp d'instruction, différens ordres de marche, suivis des diverses formations d'ordre oblique que j'ai exposées ci-dessus à l'article qui traite de cet ordre. C'est par ces diverses formations, dont les premières sont purement élémentaires, que les troupes arriveront aux formations plus composées, c'est-à-dire, à celles qui seront relatives aux terreins et aux circonstances. Avant de parler de ces dernières, j'ai à traiter deux points importans, et sur lesquels la Tactique moderne est trop éloignée des principes de M. de M.... D.... pour ne pas m'y arrêter.

M. de M.... D.... veut qu'on se déploie toujours par le centre, qu'on arrive toujours par le centre de son terrein; et il le veut si bien, qu'il s'est mis hors d'état, par sa formation centrale adoptée comme méthode unique et exclusive, de pouvoir faire autrement. La Tactique moderne au contraire rejette la formation centrale, et préfère en toute occasion celle par les ailes. Voici une des grandes raisons qui fonde sa préférence, et sur laquelle je n'ai pu m'étendre dans la discussion des détails du systême de M. de M.... D...., parce qu'elle tenoit à la grande Tactique, et que j'ai voulu mettre chaque chose à sa place.

L'ordre oblique se formant presque toujours sur une des ailes de l'ennemi, et son objet alors devant être de la déborder et de la prendre à revers, il faut qu'aussitôt que le général a déterminé celle qu'il veut attaquer, les colonnes dirigent leur tête, et marchent en écharpant vers ce flanc, de manière qu'au moyen du déploiement, l'aile qui doit engager le combat, déborde l'ennemi et puisse le prendre en flanc.

Pour se procurer plus facilement l'avantage de déborder l'ennemi, il faut, lorsque l'ordre oblique doit s'exécuter par la droite, que toutes les colonnes de l'armée, ou tout au moins celles des troupes qui sont destinées à former l'attaque, se déploient sur la droite; et qu'elles se déploient sur la gauche, si l'ordre oblique doit s'exécuter sur la gauche. Par ce moyen, on gagne sur le flanc, et en dehors de l'ordre de marche, le terrein où se déploie la colonne de l'aile. De ce principe, il ne s'ensuit pas qu'on ne puisse jamais, en pareille circonstance, déployer les colonnes sur le centre. Cette espèce de déploiement étant plus court de moitié, doit au contraire être toujours employé, lorsque, par la direction de sa marche, l'armée a déjà rempli l'objet de déborder l'ennemi.

M. de M.... D.... pourra à la vérité répondre à cela que sa Tactique n'a pas besoin de déborder, et il le prouve assurément en préférant d'attaquer toujours par le centre. Mais il ne s'agit plus que de savoir si sa Tactique a raison, et c'est sur quoi prononceront nos lecteurs.

Passons au second objet. M. de M.... D...., comptant pour rien l'effet de l'artillerie, prétend former ses ordres de bataille à 300 toises de l'ennemi, souvent même plus près. On ne peut nier qu'il ne fût en effet très-avantageux de former sa disposition assez près de l'ennemi pour pouvoir arriver rapidement, et d'une seule traite à lui. Mais comment proposer de former une disposition, c'est-à-dire, de manoeuvrer, et sur-tout de manoeuvrer avec des colonnes, sous le feu le plus meurtrier de l'artillerie ennemie? A 300 toises on est battu de but en blanc par les plus petits calibres, et à cartouche par les calibres de parc. Nous croyons donc partir d'une connoissance plus juste et plus réfléchie des effets de l'artillerie, en établissant en principes ce qui suit.

Un des premiers objets de toute disposition d'attaque devant être d'étonner l'ennemi, et de ne pas lui laisser le temps de se reconnoître, il faut former cette disposition à une distance de l'ennemi assez bien combinée pour que le feu de l'artillerie ennemie ne puisse pas troubler la formation de cette disposition et y jeter le désordre, et pour qu'en même temps les troupes n'aient pas un trop long espace à parcourir sous le feu de l'ennemi pour arriver à lui. C'est au coup-d'œil, à l'expérience, au talent de l'officier-général qui commande la partie de l'ordre de bataille destinée à l'attaque à déterminer cette distance. La théorie ne peut sur cela assigner aucune règle précise. Tout dépend de la circonstance et du terrein. La disposition peut quelquefois se former très-près si l'ennemi a peu d'artillerie, si cette artillerie est peu redoutable ou dominée par une artillerie très-supérieure, ou si enfin on peut déboucher sur lui à couvert. Elle doit se former plus loin si son artillerie est nombreuse et redoutable, et si le terrein à parcourir pour arriver à lui est plat et ouvert; car quoi qu'en puisse dire M. de M.... D....., nous croyons qu'on ne démêle, qu'on ne déploie, qu'on ne manœuvre pas enfin des colonnes, de quelque manière que ce soit, sous le feu d'une artillerie nombreuse; nous croyons aussi que des bataillons en ligne doivent moins souffrir de ce feu en traversant un espace long et ouvert, que des troupes en colonne.

L'espèce de troupes qu'on conduit, doit encore entrer pour beaucoup en considération, relativement à cet objet. Sont-elles braves, aguerries, manoeuvrières ? On peut hasarder de former sa disposition, de déployer, de manoeuvrer enfin plus près de l'ennemi, que quand elles sont sans discipline et sans vigueur. Est-ce de la cavalerie qui doit former l'attaque ? On doit la mettre en bataille de plus loin, parce que, d'une part, le canon fait encore plus de dégât dans une colonne de cavalerie que dans une d'infanterie; et que de l'autre la cavalerie parcourt plus rapidement le terrein qui la sépare du but de son attaque. Est-ce de l'infanterie ? On peut, par les raisons contraires, la déployer de plus près.

Enfin, les seules maximes générales qu'on puisse donner à cet égard, et les maximes générales restent, comme de raison, subordonnées à toutes les variétés de terreins et de circonstances, c'est de se déployer ou de former sa disposition à des distances où le feu de l'ennemi ne soit pas assez meurtrier pour jeter du désordre dans les manoeuvres des troupes; c'est en même temps de ne pas se déployer à des distances trop éloignées, parce qu'alors on perd l'avantage de se remuer en colonnes de marche, ce qui est plus commode et plus facile que de se remuer en ligne; celui de cacher le plus long-temps qu'on peut à l'ennemi la quantité de troupes qu'on porte sur lui, et celui de pouvoir amener ses troupes, d'une seule traite, du point où la disposition d'attaque s'est formée, au point de cette attaque.

Il me reste à parler de l'objet le plus important de ce chapitre, de l'application des ordres de bataille aux terreins et aux circonstances. C'est par-là que je vais faire sentir, non-seulement combien la Tactique moderne est supérieure à celle de M. de M.... D....., ce qui n'est pas pour elle un grand triomphe; mais combien elle est à la fois simple et sublime; comme elle se plie à toutes les variétés possibles de lieux et de cas; combien enfin elle peut fournir de ressources aux bons généraux et aux armées inférieures. C'est ce dernier avantage qui la distingue éminemment à mes yeux, et qui en fait dans mes idées une science de génie.

Je suis forcé de recourir encore ici à l'Essai général de Tactique, pour en extraire ce que j'ai dit à cet égard. Je pourrois y renvoyer mes lecteurs, ainsi que je l'ai fait ci-dessus, pour quelques manœuvres de principe et de méthode. Mais je ne puis me passer ici des exemples d'application d'ordres de bataille aux terreins et aux circonstances. Ils forment le complément de cet Ouvrage, et l'argument le plus victorieux en faveur de la Tactique moderne.

En me voyant ainsi, dans le cours de cet Ouvrage, quelquefois renvoyer à l'Essai général de Tactique, d'autres fois en extraire des passages qui s'adaptent à l'Ouvrage actuel, l'inimitié qui cherche toujours à dévorer, m'en fera peut-être un crime. Elle dira que je me cite toujours, que j'ai donc la prétention d'être une autorité, etc. etc. J'ai déjà prévenu quelque part cette ridicule imputation; mais il faut, et encore cela est-il souvent insuffisant, répéter son apologie jusqu'à l'évidence, pour cette classe d'hommes qui, par prévention ou par malignité, feignent tour-à-tour d'ignorer ce qu'ils savent, et de savoir ce qu'ils ignorent, accusent contre leur conscience, et cherchent à envelopper un Ouvrage dans les reproches vagues de présomption et d'orgueil qu'ils font à son auteur. Je déclare donc que je ne cite mon Essai général de Tactique que comme on rappelle d'anciens moyens de défense, et que je ne l'extrais que lorsqu'ayant les mêmes choses à dire, je ne puis me dispenser de me répéter. C'est ici le double cas où je me trouve.

Mon objet dans les manœuvres ci-après, étoit de fournir des exemples de l'application des ordres de bataille aux terreins et aux circonstances. Et voici comme j'avois tâché de le remplir.

Je suis obligé de rappeler, pour l'intelligence de ces manœuvres, que je les supposois devoir être exécutées dans un camp d'instruction, par une armée de 80 bataillons et de 80 escadrons. Les 80 bataillons étoient partagés en trois divisions, chacune de 24 bataillons, dont 12 en première et 12 en seconde ligne, et en deux brigades de flancs, chacune de quatre bataillons. Chaque aile de cavalerie formoit sa division, et étoit composée de 40 escadrons, dont 20 en première ligne et 20 en seconde. Je renvoie à l'Essai général de Tactique pour de plus grands détails sur l'organisation de cette armée sous tous les autres rapports, et sur les motifs et principes sur lesquels elle est établie.

En partant de cet ordre de bataille comme de la disposition primitive et habituelle, l'armée est supposée dans tous les ordres de marche, formée sur cinq colonnes composées chacune d'une division ; et c'est ainsi qu'il faut la considérer dans les manœuvres suivantes.

Application des Ordres de bataille aux terreins et aux circonstances.

De toutes les manœuvres que je viens de décrire, il n'y en aura peut-être pas une qu'on soit dans le cas d'exécuter à la guerre par des combinaisons exactement semblables à celles qui y sont détaillées ; car les terreins et les circonstances changent absolument les données ; et à la guerre la nature des terreins et des circonstances pouvant rarement être prévue, les mouvemens ne sont point prémédités, et c'est ordinairement le moment qui les détermine.

Comme, quelque infinies, quelque variées que soient les combinaisons qu'on peut former, c'est cependant par le même mécanisme qu'on les exécute, j'ai dû d'abord enseigner quel étoit ce mécanisme isolé, et sans aucune relation avec les terreins et avec les circonstances ; j'ai dû par conséquent indiquer toujours à l'armée, dans les ordres de marche, l'espèce d'ordre de bataille auquel ils doivent conduire. Maintenant l'objet primitif, et les principes des ordres de bataille étant conçus, les officiers - généraux et les troupes s'étant formé le coup-d'œil et l'intelligence par des manœuvres simples et préméditées, la sphère de l'instruction s'étendra et deviendra plus intéressante. On suppose que les manœuvres précédentes se sont faites dans des terreins absolument nus et uniformes, qui par conséquent n'obligeoient à aucune supputation locale. Ici les exemples vont prendre plus de vraisemblance, et l'on manœuvrera toujours relativement aux terreins, et à des terreins variés tels que le pays les offrira.

L'armée se mettra donc en marche comme à la guerre, pour se porter sur tel ou tel point, et ce ne sera que de l'avant-garde, et relativement à la nature du pays, que le général déterminera l'ordre de bataille qu'elle devra prendre. Car, je dois le répéter, tel est l'avantage de cette organisation de l'armée et de la disposition de ses ordres de marche, que l'armée peut rapidement, et suivant les circonstances, prendre un ordre de bataille quelconque, et renforcer ou refuser telle ou telle partie de cet ordre. Le général marchant à la tête de son avant-garde, a derrière lui toutes ses colonnes qu'il dirige, avance, retarde, arrête et déploie suivant ses projets. Que n'eussent point fait Turenne, Condé, Luxembourg, s'ils avoient connu la simplicité et les ressources de ce mécanisme!

Ainsi, par exemple, l'armée débouchant dans la plaine A (*Planche* VII), pour aller attaquer l'ennemi occupant la position B C, le général, arrivé à la tête de l'avant-garde en L, verra que la gauche de l'ennemi est susceptible d'être attaquée et débordée, et sur le champ il fera donner des signaux pour que l'armée se dispose à prendre l'ordre oblique par la droite. Il instruira les officiers-généraux commandant les divisions, des points sur lesquels ils doivent diriger les colonnes, des points d'alignement des ailes, de la manière dont ces colonnes doivent se déployer, et de l'objet général de la disposition.

Il aura pour cela déterminé cette disposition en saisissant d'un coup-d'œil les avantages que le terrein offre aux parties offensives et défensives de son ordre de bataille.

Il fera en conséquence diriger la première et la seconde colonne sur le point F, parce qu'il voudra profiter de la plaine pour former sa droite, et attaquer la gauche foible et découverte de l'ennemi.

Il fera arrêter la troisième colonne sur les hauteurs G, afin d'y donner une position défensive à la partie de son ordre de bataille qu'il veut refuser ; et à couvert par ces hauteurs, il portera à sa droite ses brigades de deuxième ligne de cette colonne, afin qu'elles y forment la deuxième ligne de la seconde colonne, qui se déployera toute en première ligne.

A couvert par les mêmes hauteurs, les 20 escadrons de la queue de la colonne de gauche se porteront en renfort à la droite, pour former la seconde ligne de la première colonne, qui se déployera toute en première ligne.

S'il avoit besoin même d'un plus grand renfort d'infanterie à cette droite, il en tireroit des brigades de seconde ligne de la quatrième colonne, où il se mettroit à portée d'en tirer, en les faisant rapprocher des hauteurs de son centre, et laissant alors moins d'infanterie à la gauche.

Il laissera sur le rideau H quelques troupes légères, et fera filer derrière ce rideau toute son avant-garde pour renforcer sa droite.

Il profitera des bois qui sont en avant de ses colonnes de gauche, pour menacer l'aile droite de l'ennemi, et l'engager à y porter son attention. Il ordonnera à cet effet à la quatrième et cinquième colonnes de manœuvrer le long de la lisière des bois, d'y présenter plus de têtes de colonnes à distances ouvertes, de faire, en un mot, la plus grande ostentation possible de forces et d'offensive, pour se replier ensuite, se mettre en bataille sur la lisière des bois, et concourir à l'objet général de la disposition. Les 28 bataillons qui composent la quatrième colonne, formeront entièrement la gauche de l'armée, et les 20 escadrons qui restent à la cinquième, viendront rapidement se former dans la trouée qui est entre le bois et les hauteurs du centre.

Il ne s'assujétira, comme on peut le voir sur le plan, à aucune régularité dans l'alignement et dans l'obliquité de la disposition; son centre se trouvera fort en arrière du degré d'obliquité que nous avons établi dans l'ordre des principes, parce qu'il aura voulu profiter des hauteurs pour le tenir plus hors de mesure de l'ennemi : sa gauche sera placée fort en avant, parce qu'elle est couverte par des bois, où certainement l'ennemi ne viendra pas l'attaquer, et où elle fait en quelque manière bastion sur la courtine de son ordre de bataille.

L'objet total de sa disposition n'en aura cependant pas moins tous les avantages de l'ordre oblique, puisqu'il refuse et tient hors de la portée de l'ennemi, le centre et la gauche de son armée, et qu'il n'attaque qu'avec sa droite considérablement renforcée.

L'exemple précédent fait voir comment l'ordre oblique doit s'appliquer aux terreins. Celui que je vais donner ci-après, montrera comment, ayant déterminé, d'après la première disposition, qu'on formeroit l'ordre oblique sur un point, et l'armée ayant en conséquence commencé son mouvement, si cet ennemi vient à changer sa disposition, on pourra rapidement changer le plan d'attaque, et former l'ordre oblique sur un autre point.

L'armée se met en marche dans l'ordre accoutumé pour aller attaquer l'ennemi posté en A B (*Planche* VIII). Arrivé à portée de reconnoître l'ennemi, le général voit que le centre de sa position est inexpugnable, que la droite présente des difficultés, et que la gauche est, par la nature du terrein, la partie la moins forte et la plus accessible. Il se détermine en conséquence à attaquer par sa droite, et fait commencer à son armée les mouvemens nécessaires pour former l'ordre oblique sur cette aile.

Cependant, arrivé plus à portée de l'ennemi, et continuant d'observer de plus en plus sa position et les mouvemens que son approche lui fait faire dans sa disposition, il voit, je suppose, que l'ennemi, comptant sur la bonté de sa droite, et craignant la foiblesse de sa gauche, y porte la plus grande partie de ses troupes. Il voit qu'au moyen de ce changement de disposition, cette gauche, qui, dans l'aspect primitif, lui avoit paru et étoit en effet le côté le plus foible, devient, par le nombre et l'espèce de troupes qu'on y porte, le point le moins susceptible d'attaque, tandis que la droite, plus difficile par le terrein, reste presque abandonnée à ses forces locales, et n'est défendue que par un petit nombre de troupes : sur le champ il change de projet, et se résout à former son ordre oblique sur sa gauche. Un signal indique ce changement à ses colonnes, qui alors prennent par la gauche l'échelon d'obliquité qu'elles avoient commencé à former par la droite : s'il y a quelques parties de troupes qui soient déjà en mouvement pour se porter en renfort à cette droite, elles s'arrêtent, et remarchent sur la gauche, de manière à se rapprocher des colonnes dont elles ont été détachées.

En même temps et aussitôt que le général a déterminé sa nouvelle disposition, il envoie aux colonnes des officiers de confiance, qui leur montrent la nouvelle disposition qu'il veut prendre, la direction qu'elles doivent suivre, et les points où elles doivent se former. Quant à lui, il se porte de sa personne à la gauche de l'armée, afin de suivre l'exécution de la partie intéressante du mouvement.

Suivant sa première disposition, il devoit former l'ordre oblique sur la droite, renforcer cette aile de cavalerie par 20 escadrons tirés de sa gauche, et la former en C pour attaquer la gauche de l'ennemi; sa première colonne d'infanterie, renforcée des brigades de deuxième ligne de la seconde et troisième colonnes, et des troupes de son avant-garde, devoit appuyer à cette aile, et engager l'attaque de concert avec elle, tandis que le reste de ses troisième, quatrième et cinquième colonnes devoit se déployer en arrière par échelons, et, à la faveur des avantages du pays, se tenir hors de mesure de l'ennemi.

Les mouvemens que l'ennemi a faits, l'engagent à changer cette première disposition et à prendre l'ordre oblique par la gauche. Voici en conséquence le nouveau parti qu'il tire du terrein, et les ordres qu'il envoie aux colonnes.

La droite de l'ennemi, à l'exception d'une petite partie de plaine où il a laissé une vingtaine d'escadrons, est sur des hauteurs de difficile accès, et fortifiée encore par des redoutes et des batteries, c'est-à-dire, que cette aile est mieux postée que la gauche, qui est dans une plaine rase et découverte ; mais l'ennemi comptant un peu trop sur les avantages du terrein, l'a dégarnie de troupes, et n'y a laissé que celles sur lesquelles il pouvoit le moins compter, afin de renforcer considérablement sa gauche, pour laquelle la nature du pays, la facilité des débouchés et la vue de la première disposition d'attaque lui ont donné lieu de craindre. C'est-là la faute que saisit le général de notre armée ; et pour cet effet il envoie ordre à sa colonne de cavalerie de la gauche, laquelle est rejointe, chemin faisant, par les 20 escadrons qui avoient déjà commencé à se porter vers la droite, de se diriger sur le point D, marchant à distances serrées, et tâchant, le plus qu'il est possible, de cacher sa force.

L'objet de cette cavalerie est, au signal du déployement, de se mettre en bataille vis-à-vis des escadrons de la droite de l'ennemi, de profiter de sa supériorité pour les déborder, pour les tourner même, s'il se peut, en portant quelques escadrons en dehors du ravin auquel ils appuient ; et enfin, de les attaquer vigoureusement, tandis que l'infanterie qui est à sa droite, attaque de même la droite de l'infanterie ennemie.

La première colonne d'infanterie de gauche,

composée de 28 bataillons, y compris la brigade de flanc, traverse les grands bois E, s'avance à distances serrées vers le point F: arrivée à ce point, se déploie toute sur une ligne, est soutenue en seconde par les 6 brigades des seconde et troisième colonnes d'infanterie de gauche, et de plus renforcée par les grenadiers et dragons de l'avant-garde qui viennent se placer à sa droite. Cette disposition faite, elle marche sur le champ à l'ennemi, profite du premier avantage de la cavalerie pour tourner le grand rideau F, auquel appuient les redoutes de la droite, et finit, selon toute apparence, par emporter une position où l'ennemi inférieur, soit par le nombre, soit par l'espèce de troupes, n'a que peu de résistance à lui opposer.

La seconde colonne de gauche d'infanterie se porte sur les hauteurs G, qui, disposées comme à dessein, s'étendent en s'éloignant de l'ennemi, et elle s'y forme sur une seule ligne, ayant sa gauche couverte par les dragons de l'avant-garde. Les trois brigades de seconde ligne de cette colonne se sont portées en seconde ligne derrière la gauche, comme on l'a dit ci-devant.

La troisième colonne d'infanterie se forme de même sur la lisière du bois H; ce bois, encore plus en arrière que les hauteurs G, cache sa force, et lui fournit une position favorable. Les trois brigades de seconde ligne de cette colonne ont fait le même mouvement que celles de la seconde colonne.

Ces deux colonnes ne prennent toutefois leur position en arrière qu'au moment du déploiement général; jusques-là, elles doivent se présenter en avant des hauteurs et du bois, montrer plusieurs têtes de colonnes à distances ouvertes, et paroître menacer le centre et la droite de l'ennemi.

C'est enfin la cinquième colonne qui est particulièrement chargée de lui donner le change, et en conséquence elle s'avance audacieusement à travers la grande plaine, comme si elle devoit en effet commencer l'attaque, ainsi que dans la première disposition, se partage en plusieurs colonnes à distances très-ouvertes, puis au signal du déployement général se retire au grand trot, et vient se mettre en bataille sous la protection de l'infanterie de la droite et du hameau I, où la brigade de flanc s'est jetée.

Il faut voir dans le plan l'effet général de cette disposition, la facilité avec laquelle on l'exécute, l'illusion que son exécution doit produire sur l'ennemi, et les apparences du succès infaillible qui doit en résulter pour l'armée attaquante. En effet, que peut faire l'ennemi ? A peine a-t-il démêlé le but de la nouvelle disposition, que sa droite est déjà attaquée par des forces infiniment supérieures. Cherchera-t-il à manoeuvrer par sa gauche et par son centre pour se porter sur les parties foibles et éloignées de l'oblique ? Celles-ci sont à une si grande distance de lui, qu'il y a à parier qu'il sera rappelé par les désastres de sa droite, avant qu'il ait achevé un si grand mouvement. D'ailleurs, cette oblique n'aura qu'à reculer devant lui, appuyant toujours en se retirant vers la gauche de l'armée, afin de ne pas se séparer d'elle. Portera-t-il des renforts à son aile attaquée ? Il est apparent qu'ils n'arriveront que pour être témoins de la défaite de cette aile. Enfin, quand même ces renforts parviendroient à y rétablir le combat, quand même la bataille seroit perdue pour l'armée qui attaque, elle n'a qu'une de ses ailes engagée ; cette aile se retire couverte par les autres parties de la disposition. Il peut arriver qu'une attaque faite dans cet ordre par une armée vigoureuse et bien conduite, échoue ; mais il est rare, il est presque impossible qu'elle tourne en déroute.

Il me reste, pour appuyer cet exemple, à

citer la bataille de Lissa ; telle en fut à-peu-près la conduite. Le roi de Prusse manœuvra deux heures devant les Autrichiens. Il menaça d'abord leur droite, qui étoit la plus foible par la nature du terrein. Ils s'y renforcèrent par un grand nombre et par l'élite de leurs troupes. Ils comptoient sur leur gauche assise sur des hauteurs, et appuyée à des bas-fonds qu'on croyoit marécageux, et ils n'y laissèrent que les Bavarois et quelques troupes de l'Empire. Le roi de Prusse saisit cette faute : sa disposition, long-temps incertaine et suspendue, fut rapidement déterminée vers sa droite. Un léger rideau de hauteurs cachoit le jeu et le mouvement de ses colonnes. L'aile gauche du prince Charles fut prise en flanc, et culbutée après une demi-heure de combat. Les Autrichiens arrivèrent, mais il étoit trop tard ; deux lignes étoient déjà formées sur le flanc ; tout ce qui se présenta fut renversé, et la victoire du roi de Prusse, qui avoit à peine 35,000 hommes contre 60,000, fut une des plus complettes et des plus décisives de la guerre.

C'est un avantage bien grand et bien peu connu dans nos armées, que celui de se tenir en colonnes jusqu'à ce que l'ordre de bataille qu'on veut prendre soit déterminé. Par-là on tient parfaitement son armée dans la main; on peut la manier plus commodément et avec plus de vîtesse, faire des mouvemens intérieurs qui échappent à l'ennemi, lui faire illusion, le menacer tantôt sur un point, tantôt sur un autre, l'induire en erreur, et cependant ne jamais se mettre en prise. Par-là on peut avec toutes ses forces marcher à l'ennemi, le tâter, manœuvrer devant lui, tâcher de l'engager à un faux mouvement ou à une fausse disposition, et s'il tombe dans le piége, en profiter avec rapidité. Au pis-aller, si on ne réussit pas, on se retire, et c'est une reconnoissance qui n'entraîne ni danger, ni honte.

Je vais donner un troisième exemple, celui d'un ordre de marche de flanc, suivi d'un ordre de bataille de front, déterminé par l'apparition imprévue de l'armée ennemie sur la tête de la marche, et combiné sur la nature du pays.

Soit l'armée en ordre de marche comme en A B (*Planche* IX), les troupes légères qui éclairent la tête de la marche font avertir le général que l'ennemi paroît en C D, et s'avance de front vers l'armée pour l'attaquer dans sa marche. Le général se porte sur le champ à la tête des colonnes, faisant suivre son avant-garde, et lorsqu'il a reconnu les ennemis, il fait tout de suite sa disposition pour s'opposer à eux. En avant de lui et sur sa droite, est un ruisseau, à la gauche duquel s'étend une lisière de hauteurs boisées : c'est à ce ruisseau qu'il va appuyer sa droite, s'étendant ensuite le long de ces hauteurs. Le centre de sa position tiendra la plaine D, et il y portera en conséquence la plus grande partie de sa cavalerie. Sa gauche, composée d'infanterie, occupera le bois F, et appuyera au village G, où il portera une brigade d'infanterie. Le reste de sa cavalerie sera en bataille derrière ce village, et dans différentes trouées qui sont le long du bois de la gauche, afin de soutenir l'infanterie qui le défend. Sa position déterminée, il indiquera aux officiers-généraux commandant ses divisions, les points où ils doivent porter les troupes, et le plan général de sa disposition. Les deux lignes de son aile droite de cavalerie qui sont à la tête de la marche, se portent rapidement dans la plaine D, et y forment le centre de l'armée sur une seule ligne, appuyant leur droite aux hauteurs, et leur gauche au bois. La seconde ligne d'infanterie qui forme la seconde colonne, se dirige vers la partie droite de la position qu'elle doit occuper. Les six brigades de la tête de la colonne, y compris la brigade de flanc, doivent former la première ligne de cette droite, et les quatre brigades de la queue la seconde. Cette colonne se partage pour cet effet en deux ou trois colonnes, afin d'arriver plus promptement sur les points où elle doit se former. La première ligne d'infanterie, qui compose le centre de la première colonne, doit, dans le nouvel ordre de bataille, occuper la gauche de la position; en conséquence elle se partage de même pour achever son mouvement en plusieurs colonnes, et se dirige sur les points où elle doit se former. La brigade de flanc, qui est à la queue, se porte en droiture au village de la gauche. Les cinq brigades de la tête de la colonne forment la première ligne de la droite, et les quatre brigades de la queue la seconde. A l'égard de la première ligne de l'aile gauche de cavalerie, qui forme la queue de la première colonne, elle se dirige en avant sur la gauche, pour se mettre en bataille en arrière des trouées du bois qui est occupé par l'infanterie de cette aile, et la seconde ligne de cavalerie qui est à la queue de la seconde colonne, continuant son mouvement en avant, vient se former en seconde ligne derrière le centre. L'avant-garde cependant s'est portée en avant du centre, dans quelque position avantageuse, d'où elle couvre le mouvement de l'armée, et d'où elle est en mesure de se porter en renfort à la partie la plus foible de l'ordre de bataille, suivant la disposition que le général verra faire à l'ennemi. Cet ordre de bataille invertit entièrement l'ordre primitif de l'armée, mais il fait rapidement face à une circonstance imprévue. Les troupes arrivent par le chemin le plus court aux points qu'elles ont à occuper; et, à la guerre, la méthode ne doit pas enchaîner, elle ne doit pas dégénérer en routine.

On sent par cet exemple que, si le terrein de la position choisie par le général exigeoit d'autres combinaisons dans l'emplacement des troupes, elles s'exécuteroient avec la même facilité. On sent de même que si, au lieu d'occuper simplement une position défensive, le général trouvoit avantageux de passer tout de suite à un mouvement contre-offensif sur l'ennemi, il le pourroit également. Lorsqu'une armée est bien organisée; lorsqu'elle a acquis une fois l'habitude des grandes manœuvres, si l'homme qui la commande a du génie, il n'y a pas de machine qui soit plus maniable, plus simple, et susceptible de plus de variétés dans ses combinaisons.

De l'action de combat, et de la manière de la conduire.

Nous avons déjà donné dans le cours de cet Ouvrage des échantillons de la manière dont M. de M.... D.... prétend dans son système engager et conduire l'action de combat. On a vu que, pour lui, *combattre ou vaincre est toujours synonyme*. Il ne tient compte ni des positions, ni des dispositions, ni des manœuvres qu'on peut lui opposer. Il ne marche point, *il court, il vole;* s'il attaque, *il enfonce, il renverse, il dissipe.* Peu lui importe d'être inférieur! Cette infériorité *ne sera pour lui qu'une occasion d'acquérir plus de gloire.* Les obstacles ne l'arrêtent pas davantage; *pourvu que l'ennemi soit abordable dans la quatre-vingt-dix-neuf centième partie de son front,* cela lui suffit : *c'est-là qu'il se charge de percer.* Je n'avance rien ici que je n'aie prouvé par des citations littérales de ses Ouvrages. L'artillerie, on vient de voir qu'il la regarde comme bien peu redoutable, puisqu'il propose de former sa disposition à quatre cents toises au plus de l'ennemi, et quelquefois à deux cents. Des manœuvres pour tourner, pour déborder, pour enveloper l'ennemi; non-seulement il les croit inutiles, mais il ne craint pas lui-même de se mettre en prise à l'ennemi sous ce rapport, et c'est de-là qu'il préfère toujours les attaques par le centre. Enfin, ses ordres de bataille, ses dispositions se prennent, se changent, se varient avec une telle rapidité, que l'œil a peine à les suivre. On en peut juger par le trait suivant. Quand il forme cette attaque oblique par le centre dont nous avons rendu compte ci-dessus, il dit que *les quatre bataillons du centre avec les deux qu'ils ont en seconde ligne, ne feront que marcher en avant sans songer à la manœuvre du reste, ni s'occuper d'autre chose que de joindre l'ennemi par le plus court chemin.*

Six bataillons partant ainsi tout seuls pour aller attaquer une armée, tandis que le reste manœuvre pour se former à leur appui! Je laisse à penser ce qu'il pourroit en résulter. M. de M.... D.... parle-t-il de la cavalerie, j'ai dit au chapitre qui la concerne, la manière dont il comptoit l'employer dans ses ordres de bataille. Qu'il me soit permis d'ajouter ici la manière dont il prétend la faire combattre. Cette citation est encore extraite de ses Fragmens de Tactique, et c'est sa dernière version sur la disposition de la cavalerie dans les combats (1).

(1) Fragmens de Tactique, Mémoires sur les ordres de bataille; pag. 134.

« En arrière des intervalles des colonnes,
» on voit ma cavalerie en colonnes par demi-
» escadrons. Dans la première position, elle
» est fort reculée pour ne pas essuyer du feu
» inutilement. Au moment du choc, elle est
» assez rapprochée pour se trouver à portée
» de charger ce qui oseroit se jeter dans les
» intervalles, aussi bien que de sortir, en tout
» ou en partie pour dissiper l'ennemi rompu
» par la charge de l'infanterie. D'ailleurs, cette
» cavalerie, d'abord reculée, arrivant au ga-
» lop au moment où les colonnes d'infanterie
» paroissent débouchant à travers la ligne de
» feu qui continue son tapage, et où, prêtes
» à frapper l'ennemi, ces colonnes jettent un
» grand cri, tout cela compose un tableau
» fort imposant, et qui sur les deux partis
» fera son effet.

» On voit assez que la première ligne enne-
» mie, ainsi chargée par des forces doubles,
» ne peut tenir un moment, qu'elle sera aussi-
» tôt détruite par la cavalerie que vomiront
» les intervalles ; qu'une pareille charge ainsi
» appuyée, doit du même coup culbuter la
» seconde ligne, et s'il le faut, la quatrième ;
» que quand celles-ci voudroient tenir, au
» moins étonnées de la défaite de la première,
» étourdies de la tempête qui l'a si brusque-

» ment dissipée, embarrassées et dérangées » par ses fuyards, elles seroient renversées bien » plus facilement encore. Il est bien entendu » que nos bataillons ne s'emporteront pas, ce » qu'il sera fort aisé d'obtenir d'eux, etc. etc. ».
Je ne pousserai pas plus loin cet extrait, et je n'y ajouterai aucune réflexion.

La Tactique moderne, nous l'avouons, procède avec plus de lenteur et de méthode. Elle a besoin de préparer et de combiner ses dispositions. Elle fait cas de l'artillerie; ainsi, d'une part, elle donne pour principe de se former hors de portée ou à l'abri du feu vif et meurtrier de celle de l'ennemi, afin d'avoir le temps et la liberté de mettre dans toutes les parties de ses dispositions plus d'ensemble et d'accord; de l'autre part, elle cherche à donner à la sienne de l'espace, du développement et des avantages de situation, afin qu'elle puisse agir avec plus de succès, soit pour éteindre le feu de l'artillerie ennemie, soit du moins pour le balancer et pour soutenir les troupes qui attaquent.

Je renvoie à ce que j'ai dit, à cet égard, dans le chapitre qui y a rapport.

La Tactique moderne regarde comme un objet important d'embrasser, de tourner, de flanquer l'ennemi, et, *vice versâ*, comme un très-grand désavantage de l'être par lui. Ainsi, outre que dans ses marches, dans ses positions, dans ses ordres de bataille, elle a constamment cet objet en vue, elle le conserve dans l'action de combat même. Tout l'art d'une bonne disposition d'attaque consiste donc, dans la Tactique moderne, à se procurer cet avantage, comme tout l'art d'une bonne disposition de défense consiste à éviter que l'ennemi ne le prenne.

Quand on attaque, il n'est donc pas uniquement question, comme semble le croire M. de M.... D...., de rassembler beaucoup de forces dans un petit espace, et de prendre une disposition qui leur permette de contenir dans cet espace. Il est question d'employer toutes ses forces de la manière la plus avantageuse et la plus décisive. Or, ce qui procure dans une attaque le plus grand avantage et l'avantage le plus décisif, c'est sûrement de tourner, de flanquer et d'embrasser l'ennemi. Il est question d'avoir le moins de forces inutiles qu'il est possible. Or, c'est ce qui arrive nécessairement quand on a pour principe de se concentrer, de se resserrer, de rassembler beaucoup de troupes dans peu d'espace. Ajoutez à cela que ce resserrement produit nécessairement au premier échec l'entassement, et l'entassement le chaos. S'il étoit besoin d'exemples récens, on vient d'éprouver, à l'attaque de Sainte-Lucie, le funeste effet de plusieurs colonnes resserrées dans un petit front, et battues en flanc dans cette situation par un feu violent.

Toutes les fois qu'on a affaire à un ennemi posté, ce qui arrive presque toujours à la manière dont se fait la guerre aujourd'hui, il n'y a donc d'attaque bien entendue et suivie d'un succès heureux, que celle qui embrasse et qui flanque l'attaqué, et par conséquent qui se développe sur un front plus grand que le sien. Vouloir attaquer dans d'autres principes, c'est donner à l'attaqué l'avantage qu'il faut prendre sur lui; c'est s'exposer à perdre la première faculté que doit avoir l'attaquant, celle d'agir avec liberté, et sur-tout par ses flancs.

Je crois du reste avoir suffisamment établi dans la seconde partie de cet Ouvrage, au chapitre des colonnes, que la Tactique moderne n'étoit point exclusive, qu'elle admettoit, qu'elle recommandoit même l'usage des colonnes pour les attaques de poste, etc. Je n'y reviendrai donc pas ici. Il est évident que c'est aux circonstances et au talent de l'homme qui commande, à déterminer les détails de sa disposition. Il y a seulement des principes fondamentaux dont il ne peut pas s'écarter; et un de ces principes est certainement celui que nous venons de démontrer relativement à l'objet général de toute disposition d'attaque.

Mais ce principe n'est pas uniquement applicable à la première disposition d'attaque, il faut qu'il continue d'être observé pendant tout le cours de l'action. C'est en tournant, en flanquant, en embrassant de plus en plus l'ennemi, qu'on le déposte successivement de tous les points qu'il occupe, et de tous ceux où il tente de faire ferme. Pour gagner une bataille, il ne s'agit donc pas seulement aujourd'hui de faire, tête baissée, une irruption dans l'ordre de bataille ennemi, de le percer dans une partie ou d'emporter un poste, il faut que les troupes conservent toujours assez d'ordre, d'ensemble et d'espace pour pouvoir passer tout de suite à une disposition nouvelle. Il faut, quand l'ennemi est chassé d'un poste, et qu'il n'est pas en déroute absolue, commencer par s'y établir, et par bien appuyer ses flancs pour n'en pas être chassé à son tour. Il faut de-là combiner un nouveau mouvement en avant, en continuant toujours de tourner et de flanquer l'ennemi. Enfin, pour me servir d'une définition que j'ai déjà employée au chapitre de l'artillerie, une bataille peut être regardée comme une succession continue de dépostemens et de dispositions, au moyen de laquelle l'attaquant, passant sans cesse d'une parallèle à l'autre, et embrassant toujours l'ennemi de plus en plus, le pousse hors de son champ de bataille, et le lui fait abandonner.

Pour engager et conduire une bataille selon ces principes, il ne s'agit donc pas, *de courir, de voler, d'enfoncer*. Il ne s'agit pas, comme le prétend M. de M.... D...., *d'expédier bien vîte l'affaire, et de battre, de dissiper, de détruire l'armée ennemie en moins de temps qu'on n'en mettra à lire la moitié d'un de ses chapitres*. Il faut de la méthode, de la circonspection, de la lenteur même quelquefois, et toujours de l'ensemble et de la discipline. Souvent on ne connoît pas bien les détails de la position ennemie, et on ne peut les connoître qu'en approchant d'elle. On est donc souvent obligé d'attendre pour reconnoître et pour former en conséquence sa disposition, ou pour faire des changemens dans celle qu'on avoit formée. Enfin, je veux que, connoissant la première position de l'ennemi, on l'ait battu dans un point et qu'on ait emporté un de ses postes, on ne connoît pas la position qu'il a prise en arrière; elle vous offre tout-à-coup une nature de pays nouvelle ; il faut donc s'arrêter et reconnoître encore ; il faut faire une nouvelle disposition ; il faut quelquefois y transporter ses armes, et changer sa disposition primitive.

Mais une infinité d'autres circonstances que la guerre fait naître, et dont les officiers qui l'ont faite avec réflexion, connoissent l'importance et la variété, jettent nécessairement du retard et de la lenteur dans les mouvemens d'une attaque. Souvent on est obligé de se combiner avec la disposition d'une partie collatérale qui doit attaquer de concert, souvent avec celle de corps éloignés, qui, sans être destinés à frapper des coups décisifs, doivent cependant y concourir. Souvent on a percé et battu dans le point qu'on attaque, mais les attaques collatérales trouvent plus de résistance ou sont repoussées. Une des deux réussit, et l'autre ne réussit pas; voilà un cas qui exige une combinaison. Toutes deux manquent à la fois, il faut une combinaison absolument différente.

C'est relativement à toutes ces considérations, qu'on ne peut concevoir les différens projets d'attaque présentés par M. de M.... D....., dans ses Fragmens de Tactique. Ils doivent tous s'exécuter en six ou sept minutes. Cette rapidité est en effet nécessaire à supposer quand on propose pour disposition habituelle, une ordonnance de profondeur, qui ne permet pas de rester sous le feu de l'artillerie, sans s'exposer à une infaillible destruction. Mais comment admettre une pareille supposition? Elle est évidemment contraire à toutes les possibilités et à toutes les règles de la guerre. C'est parce qu'on ne peut ni courir, ni toujours aller devant soi, ni *expédier les batailles en un moment :* c'est parce que les mesures nécessaires et ensuite les retards, les obstacles, les accidens imprévus, forcent souvent à se tenir dans l'inaction à portée de l'ennemi et sous son feu d'artillerie, que la Tactique moderne ne peut admettre l'ordre en colonnes pour ordre primitif et habituel. Elle l'admet pour des cas, pour des momens; et en cela elle a tout sagement apprécié, calculé et mis à sa place.

Je bornerai ici ma discussion sur la manière d'engager et de conduire l'action de combat. Je n'ai voulu que prouver combien, à cet égard, les principes des deux systêmes sont en opposition, et combien ceux de la Tactique moderne sont supérieurs. C'est-là au surplus la partie de l'exécution. Les variétés des circonstances et des moyens y sont donc infinies, et c'est respecter le génie, c'est connoître toute l'étendue de ses ressources, que de ne prétendre ni lui dicter l'application des principes aux circonstances, ni même l'asservir toujours aux principes.

Il ne me reste plus pour terminer ce chapitre, qu'à considérer les ordres de bataille sous le rapport défensif. C'est-là qu'on va achever de voir combien la Tactique moderne est anti-exclusive, et combien les écrivains qui l'ont critiquée, sont loin de l'avoir connue.

Application des Ordres de bataille à la défensive.

Jusqu'ici je n'ai considéré les ordres de bataille que relativement à l'objet offensif. J'ai démontré les avantages qui pouvoient résulter de la combinaison des marches et des déploiemens, soit pour tromper l'ennemi sur la force des colonnes et sur le point d'attaque, soit pour prendre rapidement une disposition. J'ai fait voir que ces avantages devenoient immenses lorsque l'armée attaquée faisoit, suivant la routine accoutumée, sa disposition à l'avance, et étaloit ses lignes sur la position qu'elle devoit défendre; car alors le général ennemi, se conduisant suivant les principes de la Tactique moderne, arrive à la tête de son armée, reconnoît cette disposition, compte le nombre et l'espèce de troupes qui défendent chaque point, et détermine son ordre de bataille en conséquence.

Ce seroit une science fort imparfaite que celle de la Tactique, si elle n'offroit pas à l'armée qui est sur la défensive le moyen de balancer ces avantages. Elle les offre ; et elle est en cela comme l'art des mines, comme celui de l'attaque et de la défense des places. Egalement susceptible d'êre employée par les deux partis, c'est à celui qui la possède et qui l'applique le mieux, qu'elle rend les services les plus décisifs.

Supposons un général habile et tacticien dans la nécessité de recevoir une bataille, il ne démasquera donc sa disposition de défense qu'après qu'il aura reconnu les points où l'ennemi veut faire effort. Il tiendra son armée en colonnes sur le champ de bataille qu'il devra occuper, afin de ne déterminer la répartition de ses troupes que sur celle des troupes de l'ennemi. Il opposera enfin finesse à finesse, et manœuvre à manœuvre, c'est-à-dire, qu'il sera continuellement en mouvement devant l'ennemi, qu'il cherchera à le jeter dans l'irrésolution, à l'induire en erreur, à lui faire illusion sur le nombre et sur la disposition de ses troupes, à lui présenter un point dégarni en apparence, afin de l'engager à diriger son attaque sur ce point, c'est-à-dire, même qu'il ne se bornera pas toujours à une simple disposition défensive; et que si l'ennemi se met en prise sur quelque point, il saura faire sur lui un contre-mouvement offensif.

Il n'est pas question ici de ces positions défensives, tellement avantageuses que le terrein y réduise nécessairement l'attaque à un point; car alors, comme il ne peut y avoir d'incertitude sur la partie où il est nécessaire de porter ses plus grandes forces, il n'y a pas d'inconvénient à déterminer son ordre de bataille à l'avance. Mais il n'en est pas de même dans les positions qui sont susceptibles d'être attaquées sur plusieurs points; car là, pour qu'il n'y ait pas un de ces points dégarni, dans le temps que les autres seront inutilement occupés par un trop grand nombre de troupes; pour que l'ennemi ne puisse pas engager sa partie forte contre une partie foible, il faut ne déterminer sa disposition que sur celle de l'ennemi; il faut occuper les points d'attaque par des têtes de troupes, et tenir derrière et entre eux le reste de son armée en colonnes, afin de porter ses forces où l'ennemi portera ses efforts, et quelquefois où il se mettra en prise et se rendra susceptible d'être attaqué lui-même. Il faut à plus forte raison, dans les positions de plaine, ne déterminer son ordre de bataille que sur celui de l'ennemi, puisque, dans ces positions, c'est le nombre des troupes, c'est une aile plus ou moins forte, c'est telle ou telle arme rendue supérieure dans une partie de l'ordre de bataille, qui décident du succès de l'action.

Que fera cependant le général ennemi? Il verra des têtes de troupes dans les principaux points de la position qu'il veut attaquer, et au lieu d'une armée en bataille et disposée pour se laisser compter et battre, cette armée partagée en colonnes dont il ne pourra juger ni la profondeur, ni l'objet. Manoeuvrera-t-il? Cette armée manoeuvrera aussi. Cherchera-t-il à lui donner le change? Elle se tiendra en garde contre lui; elle cherchera à lui faire illusion à son tour. Se décidera-t-il à attaquer un point, et réunira-t-il ses forces pour l'emporter? Les forces de cette armée se réuniront pour le défendre. Entre deux armées pareilles, ce sera enfin à qui l'emportera de génie et de célérité dans les manoeuvres.

Cette application de la Tactique à la défensive, est encore plus inconnue, et cependant non moins importante que l'application aux ordres de bataille offensifs. J'ai démontré combien, faute de cette dernière, les armées attaquantes avoient perdu de batailles. Hochstett et

Ramillies fournissent, dans le sens opposé, des exemples d'armées attaquées qui se sont fait battre pour avoir mal-adroitement étalé les premières leur disposition, et invité par-là l'ennemi à combiner avantageusement une disposition offensive sur elles. On doit donc s'occuper essentiellement des dispositions défensives dans les camps d'instruction. Il faut qu'on y familiarise les troupes et les officiers-généraux. C'est sur-tout lorsqu'on partagera l'armée en deux corps, qu'on peut donner, à cet égard, des leçons très-vraisemblables.

Quand je dis qu'il faut familiariser les troupes avec cette manière de prendre les dispositions défensives, c'est qu'elle les étonneroit beaucoup, si on venoit à l'employer à la guerre sans que des exemples raisonnés en eussent fait connoître les avantages à la paix. On est généralement dans l'opinion qu'une armée qui doit être attaquée ne sauroit être trop tôt disposée en bataille. On est en conséquence dans la routine de former ses lignes sur la position qu'on a choisie auparavant que l'ennemi n'ait fait sa disposition. Or, combien un général ne choqueroit-il pas les opinions et les usages, si l'ennemi débouchant pour attaquer son armée, il la portoit en plusieurs colonnes sur le champ de bataille reconnu; si là, au lieu de se mettre en bataille, il attendoit le parti que prendroit l'ennemi; si enfin, il combinoit habilement qu'il lui suffit d'avoir achevé sa disposition au moment où l'ennemi arrivera sur lui? Il n'y a que l'habitude réfléchie de cette manière nouvelle qui, vu le préjugé actuel, pût rassurer les troupes contre cette contenance, et elles la regarderoient sans cela comme l'effet de l'incertitude du général, et comme une situation dangereuse.

Par une conséquence de ce principe, il pourra arriver que le général ne fasse mettre en bataille que les parties de son armée qui sont susceptibles d'être attaquées et d'entrer immédiatement en action, et qu'il tienne les autres en colonnes jusqu'au moment où la disposition, où les mouvemens de l'ennemi le mettront dans le cas d'en faire usage. Il pourra arriver qu'un officier-général commandant une partie de l'ordre de bataille tienne de même, en tout ou en partie, ses troupes en colonnes sur la position qu'elles doivent occuper; car, pour occuper une position, il n'est pas nécessaire d'y être développé en ligne; il suffit d'en tenir les principaux points par des têtes de colonnes, et de pouvoir s'y former en bataille avant que l'ennemi ne soit en mesure de l'attaquer; enfin, ainsi que j'ai dit au chapitre de la colonne considérée comme disposition d'attaque, que les colonnes pouvoient être employées avec succès dans les dispositions offensives, soit pour agir séparément sur des postes qu'il faut emporter, soit pour soutenir des bataillons déployés, soit pour attaquer de concert avec eux, soit pour attaquer étant soutenues par eux; je dirai ici que les colonnes peuvent être de même utilement employées dans les dispositions défensives, soit pour défendre l'obstacle qui forme la position en se tenant en arrière de lui, et chargeant l'ennemi s'il tente de le passer, soit en soutenant les bataillons déployés qui pourroient garnir la position et la défendre par leur mousqueterie, soit en soutenant le poste attaqué, et débouchant par les flancs ou par le centre de ce poste pour repousser l'ennemi qui s'en seroit emparé. Ce sont-là des détails intérieurs de disposition, dont le choix et l'emploi sont dictés par les circonstances, et dans les mains de l'homme qui commande. La Tactique moderne, et notre ordonnance de manœuvres particulièrement, se plient à toutes ces modifications, et c'est n'en pas avoir saisi l'esprit, c'est n'en pas connoître les moyens, que de se refuser à cette évidence.

Que M. de M.... D..... n'aille pas encore

inférer de-là qu'on cherche à se retourner, à pallier les vices de la Tactique moderne, et à adopter son systême avec la mauvaise foi tacite de paroître ne pas l'adopter. Il pourra voir dans le second volume de l'Essai général de Tactique, ch. XIV, que cette manière d'employer les colonnes dans les dispositions défensives n'est pas nouvelle, et que je n'en suis pas redevable à son systême. Mais, pour achever de lui prouver que ni la Tactique moderne ni moi n'avons, à cet égard, rien emprunté de lui, il faut que je démontre que, quoique nous employions ici des colonnes, il n'y a cependant aucune analogie entre notre manière et la sienne, par la différence des moyens et des principes.

Pourquoi proposons-nous ci-dessus de tenir, dans beaucoup d'occasions, une partie de nos dispositions, soit offensives, soit défensives, en colonnes? Pourquoi proposons-nous particulièrement ce moyen dans tous les préliminaires des dispositions, et dans les parties de ces dispositions qui ne sont pas immédiatement destinées à entrer en action? C'est pour cacher le plus long-temps qu'on peut à l'ennemi la disposition qu'on va prendre, et pour tâcher de la régler toujours sur la sienne; c'est pour l'empêcher de compter le nombre de troupes qu'on porte sur lui si on l'attaque, et qu'on lui oppose si c'est par lui qu'on est attaqué. Or, il est évident qu'on remplit mieux ce double objet avec des colonnes qu'avec des lignes de bataillons déployés. Les mouvemens en colonnes ont toujours à l'œil quelque chose de confus qui dérobe leur direction et leur force, au lieu que dans une ligne rien n'échappe à l'ennemi; c'est enfin pour porter plus facilement et plus commodément des troupes sur les points menacés, ou à l'appui des troupes qui sont en action; car, il est incontestable que, pour traverser rapidement de grands espaces, les colonnes sont plus maniables que les lignes.

Mais observons d'abord que ce principe de manœuvrer le plus et le plus long-temps qu'on peut en colonnes, et de ne se mettre en bataille que pour entrer en action, est subordonné, dans la Tactique moderne, à beaucoup de circonstances qui ne permettent pas d'en faire un principe exclusif, ni même habituel; qu'il est particulièrement subordonné à la nature du terrein, et à la quantité, la proximité et l'effet de l'artillerie ennemie; qu'ainsi, par exemple, ce n'est pas sous un feu vif et meurtrier de cette artillerie qu'il peut être question de manœuvrer en colonnes, de rester en panne en colonnes, de marcher long-temps en colonnes, et qu'alors il faut nécessairement en venir à l'ordre déployé. Dans le système de M. de M.... D....., les colonnes au contraire sont l'ordre primitif, habituel et exclusif. On ne doit jamais ni marcher, ni manoeuvrer dans un autre ordre, quelle que puisse être la nature du terrein ou la violence du feu de l'ennemi; on ne le quitte que pour se ranger derrière un obstacle qu'il faut défendre par la mousqueterie, et il est défendu expressément dans ce système de faire un pas dans l'ordre déployé.

Observons en outre que ce que nous entendons dans les occasions dont nous avons parlé ci-dessus, par colonnes, ce sont toujours des colonnes de manœuvre ou de marche; ce qui, dans la grande Tactique moderne, est synonyme, c'est-à-dire, des colonnes d'une certaine force, et susceptibles par conséquent de faire illusion à l'ennemi sur leur profondeur et sur leur force. Dans le système de M. de M.... D..... au contraire, son ordre primitif et habituel, l'ordre dont il part pour faire ses dispositions, pour prendre ses ordres de bataille, consiste en une ligne de colonnes d'un seul bataillon chacune. Or, cet ordre est au moins aussi difficile à remuer qu'une ligne de bataillons déployés, et il n'est susceptible de faire aucune illusion à l'ennemi. L'ennemi compptera des bataillons en colonne plus facilement encore que des bataillons en bataille. Dans ce cas, l'ordre de M. de M.... D....., à tous ses inconvéniens, joint donc de plus ceux de l'ordre déployé.

A l'égard des colonnes employées dans les dispositions et actions défensives, elles rentrent dans ce que j'ai dit dans ma seconde Partie, de la colonne considérée comme ordre d'attaque, puisque dans ce cas elles défendent en attaquant, et qu'elles ne peuvent pas avoir d'autre propriété. J'ai prouvé dans cette même Partie, que M. de M.... D..... n'étoit pas fondé à les revendiquer. Elles n'appartiennent nullement à son systême, et on en faisoit usage bien avant lui. J'ai cité sur-tout l'excellent emploi que M. le maréchal de Broglie en avoit fait à Bergen.

Je terminerai ici ce chapitre. Je desire que son importance sauve sa longueur. J'ai tâché à la fois de ne rien oublier, et de ne point m'appesantir.

QUATRIÈME PARTIE.

RÉSUMÉ.

CHAPITRE PREMIER.

Que le Systême de M. de M.... D..... n'est admissible sous aucun rapport. Qu'il faut s'en tenir à celui qui existe, et seulement consolider notre constitution et nous perfectionner dans la Tactique actuelle.

Sous quelle face peut-il me rester à examiner le systême de M. de M.... D.....? Je l'ai suivi dans tous ses détails. Je l'ai considéré relativement à la Tactique élémentaire et à la grande Tactique; et par-tout je crois avoir démontré qu'il n'étoit admissible sous aucun rapport. M'engagerai-je maintenant à suivre M. de M.... D..... dans les diverses opérations où il conduit ses plésions? Il parle d'abord des embuscades, et il emploie un chapitre à prouver que les plésions y sont plus propres que les bataillons. Voici ses preuves littérales (1) ; elles sont toujours de nature à me dispenser de réfutation.

Les plésions courent à l'ennemi, qui les a sur les bras en même temps que devant les yeux. Cette légèreté fait qu'on n'a pas le temps de leur couper la retraite ; elles passent partout, s'accommodent de toutes sortes d'issues, ne perdent point à chaque pas le temps de se défiler et de se reformer. Quand on les a coupées elles ne sont pas perdues. Elles ont le don de percer tout ce qu'elles rencontrent, sur-tout la cavalerie, qui est ce qu'on rencontre le plus en pareil cas. — Si le pays est un peu trop à découvert, il n'est pas aisé à des bataillons de trouver place à s'embusquer. Les plésions, plus ramassées, se nichent par-tout. Un petit bout de haye, un petit enfoncement de terrein rond ou quarré, n'importe, suffit pour les masquer. — Il n'est peut-être pas dans la nature une lieue de plaine si exacte, qu'il n'y ait quelques petits plis, où une et même plusieurs plésions pourroient se cacher sans être apperçues. Et puis viennent la citation et le détail d'un exemple d'embuscade dressée par Annibal dans la plaine de Gerunium, au moyen d'un grand

(1) Projet de Tactique, pag. 326 et suivantes.

nombre de cavernes et de trous de rochers qui s'y trouvoient. *Avec mon ordre,* poursuit M. de M.... D....., *on ne laisseroit pas de répéter assez souvent cette manœuvre favorite d'Annibal, qui, jusqu'à présent, a été très-rare. Par la même raison que j'ai rapportée, ces niches serviroient encore bien moins si elles étoient petites et séparées comme celles de Gerunium, dont les plus grandes tenoient 200 hommes. On ne s'avisoit pas de tirer de-là toutes ces petites troupes, ici plus rapprochées, là plus éloignées, tournées chacune de leur côté, et d'en former des bataillons. Pour mes plésions elles s'en accommoderoient très-bien,* etc. etc.

Viennent ensuite les attaques d'arrière-garde (1). Nouveau chapitre et nouvelles preuves du même genre. *La légèreté et la sécurité des flancs rendent les plésions parfaites pour cette opération. On ne peut aller trop vîte pour engager au combat des gens qui veulent l'éviter. Mais ce n'est pas le tout que d'aller vîte. L'armée qui suit ne va pas tout-à-fait le même train. On se trouve donc souvent beaucoup plus foible que l'ennemi. De-là c'est une commission très-dangereuse pour les bataillons*

(1) Page 330.

que la foiblesse des flancs met en si grand péril quand ils ont affaire à un ennemi supérieur.— Si ce sont des plésions, elles attaqueront brusquement les derniers corps de l'ennemi, les renverseront, et ne craindront jamais de s'engager. Elles savent que le danger ne durera pas, et que pour peu qu'elles se soutiennent quelque temps il leur viendra des secours; elles pousseront leur pointe et en attaqueront d'autres. Il arrivera de-là, plus d'une fois, que l'ennemi, pressé si vivement et n'espérant rien que de pis, puisque pendant ce temps l'armée approche, perdra contenance, prendra chasse, comme disent les marins; de sorte que, sans presque de combat, sans avoir employé la dixième partie de ses forces, on aura le plaisir de voir toute l'armée ennemie en déroute, etc. etc.

Je pourrois étendre beaucoup cette analyse, car, *surprises d'armée*, *passages de rivière*, *descentes*, *guerres de montagnes*, *attaques et défenses de retranchemens*, *sièges*, M. de M.... D.... traite chacune de ces opérations chapitre par chapitre, avec l'objet de prouver que son systême est en toute occasion le meilleur et le plus avantageux. Mais ce seroit abuser des armes que M. de M.... D.... nous a fournies. Si l'obligation où nous étions de réfuter son systême nous a imposé la nécessité de ne laisser derrière nous aucun des moyens qui pouvoient le détruire, cet objet étant rempli, la modération et l'honnêteté nous font un devoir de ne point accumuler des citations qui ne nous sont plus nécessaires pour le combattre.

Puisse cet Ouvrage, qu'encore une fois je ne donne pas comme le mien, mais comme le concours des lumières modernes réunies, comme le résultat de ce que j'ai appris en étudiant, en méditant, en consultant, comme le commentaire de la théorie et de la pratique du plus grand homme de guerre qui ait existé, répandre du jour sur la question qui s'est élevée, et, ralliant les opinions dans le chemin de la vérité, nous faire enfin travailler utilement à former une armée!

Il en est temps sans doute; il est temps, après 17 ans de paix, de consolider notre constitution : je dis de consolider, car à force de variations, de tentatives et d'erreurs, il est devenu presque impossible de la perfectionner. Tant de changemens bien ou mal entendus, mais tous éphémères, tous se contrariant, s'infirmant, se détruisant les uns par les autres, ont jeté du discrédit sur les innovations futures. La machine est tellement fatiguée, qu'un homme de génie même ne pourroit y toucher qu'en tremblant. Son génie ne suffiroit pas pour lui garantir des succès. Il faudroit, pour me servir d'une expression que j'ai hasardée dans ma jeunesse(1), que ce fût de plus *un roi ministre*, ou *un ministre roi*.

Si telle est la situation de notre constitution militaire; si, dans cette situation; il faut peut-être en user avec elle comme avec ces corps détruits, auxquels on n'ose appliquer d'autres remèdes que des palliatifs, il est du moins une partie qu'on peut perfectionner, et sans risque, c'est celle de l'instruction et de la discipline qui y est relative. Mais, pour la perfectionner, il faut s'en tenir au système actuel; il faut maintenir nos ordonnances de manœuvres qui sont assises sur les meilleurs principes, et qui contiennent les meilleurs moyens. Il faut enfin former tous les ans des camps considérables. Celui qu'on a assemblé cette année a dû, plus que jamais, en faire sentir la nécessité.

Le chapitre suivant étant en quelque sorte hors d'œuvre à la réfutation du système de M. de M.... D....., et celui-ci consommant, à proprement parler, cette réfutation, je ne puis, ce me semble, consigner en lieu plus convenable la protestation que je forme, de ne

(1) Discours préliminaire de l'Essai général de Tactique.

pondre à aucun ouvrage publié contre celui-ci. Je fonde cette résolution sur deux raisons ; la première, c'est que j'ai épuisé tout ce que j'ai à dire, et qu'il est insipide de faire des livres pour se répéter. La seconde, c'est que toutes les polémiques, en se prolongeant, fatiguent le public plus qu'elles ne l'éclairent, et que dans une profession sur-tout, qui exige plus d'actions que de paroles, elles finissent toujours par jeter une sorte de ridicule sur les auteurs qui s'y livrent.

CHAPITRE II.

Systême de Guerre actuel examiné sous le rapport de la Politique et de l'Administration. Qu'il seroit impossible et même désavantageux de le changer. Que ce Systême, en outre qu'il est plus parfait et plus savant que tous ceux qui ont existé, est moins ruineux pour les peuples, plus propre à entretenir la paix et à empêcher les conquêtes, les dévastations et les grandes révolutions que la Guerre entraînoit autrefois.

Ce chapitre n'a plus de rapport immédiat au systême de M. de M.... D...; mais il tient essentiellement et directement à l'objet général de mon Ouvrage, puisque cet objet est de défendre le systême de guerre moderne dans toutes ses acceptions. J'en ai fait l'apologie sous tous les rapports qui tiennent à la Tactique. Il me reste à la faire ici sous les rapports plus généraux et non moins importans de la politique, de l'administration, et j'ose ajouter, de l'intérêt du genre humain.

Ce qu'on reproche presque unanimement au systême de guerre moderne, c'est la nécessité qu'il impose d'entretenir constamment sur pied des armées nombreuses; l'immensité de leurs attirails; la cherté de ces armées; les dépenses inouies de nos guerres actuelles, dépenses telles qu'on acheteroit souvent avec ce qu'il en coûte pour les soutenir, le fonds des pays qu'on se dispute; la consommation plus désastreuse encore d'hommes qu'elles entraînent.

Les philosophes, ou pour parler plus juste, les gens faisant profession de *philosopher*, attribuent à ce systême des effets bien plus funestes: car ce sont les armées, disent-ils, qui sont à la fois les instrumens de l'oppression et les écoles de l'esclavage. C'est par la terreur qu'elles imposent, qu'aucun peuple n'ose soulever ses chaînes et regarder en face ses tyrans. De-là, ne considérant plus les armées que sous ce point de vue, oubliant que s'il est des guerres injustes, il en est de nécessaires; que si les troupes sont quelquefois les suppôts du despotisme, elles sont plus souvent la sauve-garde des nations; ils confondent ensemble le fléau et la profession, passent de l'horreur de l'un à la haine de l'autre, appellent les gens de guerre des stipendiaires, des satellites, et cependant jouissent assis et à l'ombre de la douce oisiveté que les gens de guerre leur procurent, soit en conservant la paix, parce qu'ils veillent autour d'eux, soit en écartant la guerre de leurs foyers, parce qu'ils vont combattre et mourir au loin pour eux.

Il y a dans ces imputations faites au systême de guerre moderne, quelques vérités mêlées à beaucoup d'erreurs et d'injustices. Je vais en entreprendre l'analyse et la réfutation. Je vais prouver que de tous les systêmes de guerre qui ont existé, le systême moderne est le plus savant et le plus parfait, si on le considère du côté de l'art, et en même temps le plus avantageux aux gouvernemens et aux nations, le moins destructeur, le moins calamiteux, le plus conservateur de la paix et des empires, si l'on calcule ses effets et ses résultats. Sans doute il m'est doux de défendre une science que je cultive et une profession qui m'honore; mais ce plaisir à part, la solution de ce problême peut changer utilement le cours des opinions. Je dois avouer qu'on me trouvera ici quelquefois en contradiction avec le discours préliminaire de l'Essai général de Tactique. Quand j'ai fait cet Ouvrage, j'avois dix ans de moins. Les vapeurs de la philosophie moderne échauffoient ma tête et offusquoient mon jugement. Il est si aisé dans l'âge où l'on ne réfléchit pas mûrement, dans cet âge où l'on tire, si j'ose m'exprimer ainsi, tout son esprit de son ame, de se laisser aller à des illusions par lesquelles elle croit s'améliorer et s'agrandir!

Posons d'abord, et avant tout, comme une base incontestable, que la philosophie s'élève en vain contre la guerre, qu'elle n'en détruira pas l'usage. Pour le détruire, il faudroit anéantir les passions; il faudroit créer des peuples d'anges. Encore voyons-nous que l'orgueil et l'ambition finirent par les mettre aux prises avec leur créateur. Si la guerre est un résultat infaillible des passions de l'espèce humaine, il faut donc un art de la faire, et des hommes qui s'y consacrent.

Cette base posée, déclamer contre la guerre en vers et en prose, porter des anathêmes philosophiques contre elle, c'est battre l'air de vains sons; car sûrement les princes ambitieux, ou injustes, ou puissans, ne seront pas contenus par-là. Mais ce qui peut et ce qui doit nécessairement en résulter, c'est d'éteindre peu à peu l'esprit militaire, de rendre le gouvernement moins occupé de cette importante branche de l'administration, et de livrer un jour la nation amollie et désarmée, ou, ce qui revient à peu près au même, mal armée, et ne sachant pas se servir de ses armes, au joug de nations aguerries qui auront eu moins de lumières peut-être, mais plus de jugement et de prudence.

Parlerai-je d'une autre erreur plus étrange encore? c'est celle qui fait penser à des gens de beaucoup d'esprit, mais égarés par leur cœur, qu'un jour il n'y aura plus de guerre, que les peuples et les souverains se rendront sur cela à l'évidence de la raison et des lumières : comme si les hommes, soit individuellement, soit réunis, pouvoient jamais cesser d'être animés par la vengeance, par l'ambition, par l'amour de la gloire, par l'intérêt, toutes passions naturelles ou factices, qui ont leur source dans le cœur humain ou dans les préjugés dont nous sommes imbus.

Le roi de Prusse, la czarine sont certainement des souverains très-philosophes. Mais je doute qu'ils laissent jamais faire par leurs voisins rien qui blesse leur intérêt ou leur gloire. On vient de voir le roi de Prusse s'engager à soixante-huit ans dans une guerre dont peut-être sa santé n'auroit pu ni soutenir le fardeau, ni lui permettre de voir la fin. Mais l'intérêt de sa puissance, le rôle de protecteur de l'Empire dont il lui importoit de grossir l'héritage de sa maison ; enfin, le fantôme de la postérité qui assiége les grands hommes, et qui lui auroit demandé compte de ses trésors, de ses forces, de ses talens, de toute sa gloire passée, s'il eût laissé consommer l'envahissement de la Bavière ; voilà ce qui l'a animé.

Il y a sans doute en Angleterre beaucoup de philosophie et de philosophes. Mais ces philosophes, avant tout, sont ou commerçans directs, ou indirectement attachés à la prospérité du commerce; dès-lors l'intérêt du commerce est pour eux le premier et le plus pressant de tous. C'est cet intérêt qui les fait se déchirer avec leurs frères Américains ; c'est lui qui les mettra toujours en guerre avec nous toutes les fois que nous tenterons de relever notre marine; c'est lui qui, de ce peuple si libre et si fier de sa liberté chez lui, fait un peuple si oppresseur et si ami de la tyrannie en Asie. C'est cet intérêt qui rend les Anglois si durs et si altiers dans les vexations qu'ils font essuyer à nos négocians aux Indes, qui leur fait déchirer les toiles que nous commandons sur les métiers des tisserands, qui leur fait défendre à nos vaisseaux de tirer du canon dans le Gange, même le jour de la S. Louis. C'est cet intérêt qui leur a fait détruire de fond en comble Pondichéry, parce que Pondichéry étoit la rivale de Madras, et qu'où il y a rivalité il ne peut plus y avoir ni pitié ni justice. Les Anglois sentent que leur conduite dans cette partie du monde est inique et vexatoire; mais il leur importe de nous humilier aux yeux des naturels du pays, et de s'y montrer la nation prépondérante; car, la crainte ajoute à la considération, et la considération est un poids réel dans la balance des nations.

Les Anglois sont philosophes assurément; mais leurs Ouvrages, leurs théâtres, leurs clubs, ne retentissent pas de déclamations contre la guerre et contre les citoyens qui s'y dévouent. Ils honorent leur marine militaire, qu'ils regardent comme leur boulevard et leur défense véritable. Ils ne regrettent point les sommes énormes qu'on y emploie, et ils ne s'en plaignent que quand il n'est pas résulté de ces dépenses des armemens assez formidables. Plus conséquens que nous enfin, quand ils font la guerre, ils ne la font pas à demi, et ils y emploient tous les moyens de leur puissance.

Le seul de nos écrivains modernes qui ait envisagé la guerre dans son véritable point de vue, et qui ait écrit par-là autant en homme d'état qu'en philosophe, c'est l'auteur de l'Histoire des Établissemens Européens aux deux Indes. Il déteste la guerre en elle-même; il dévoue, avec la plus chaude éloquence, à l'exécration publique les rois et les ministres qui la font injustement. Mais en même temps, il sent que la guerre est un fléau inévitable, et même au-devant duquel il faut savoir quelquefois aller; il ne néglige donc dans son immortel Ouvrage aucun détail militaire; il s'étend sur eux avec un soin qui fait sentir combien il y attache d'importance. Partout il invite le gouvernement à fortifier, à agrandir, à améliorer ses possessions, et en l'invitant il l'éclaire sur les moyens d'y réussir. Ajoutons que dans cet Ouvrage, qu'il faut regarder comme un des monumens du siècle, dans cet Ouvrage où l'on ne sait qu'admirer le plus de l'étendue des recherches ou de la manière dont elles sont rédigées, tous les détails militaires y sont faits avec une netteté, une clarté que les militaires admirent même sur les lieux dont il parle, et qui prouvent de la part de l'auteur un discernement bien juste dans les matériaux qu'on lui a fournis, et dans les sources où il a puisé.

Mais entrons en matière. Pour analyser complétement un objet de discussion aussi compliqué et aussi vaste, il faut nécessairement remonter à ses premiers élémens.

Quand la guerre s'élève entre deux nations, sans doute il seroit plus simple, plus expéditif et moins sanglant qu'elles voulussent confier leurs destinées à un petit nombre de combattans, et souscrire à recevoir la loi du parti vainqueur. Ainsi ce fut quelquefois l'usage dans l'antiquité. Ainsi firent les Romains et les Albains dans le fameux combat des Horaces. Ainsi l'on a vu des rois regardant l'obligation de combattre pour leur nation comme le premier devoir du trône, vider ou proposer de vider entre eux les différends de leurs peuples. Quelques exemples de ces sortes de duels n'ont pu en établir l'usage; et il faut convenir en effet que rien ne seroit plus absurde et plus insensé. Quoi! un peuple feroit dépendre son sort, ses intérêts, sa gloire, d'un combat particulier! Un faux pas, une arme d'une moins bonne trempe, un homme ou plus adroit ou plus fort, ou plus brave, décideroient si toute une nation doit gouverner ou obéir ! Et si les souverains devoient combattre de leur personne, si à l'événement de leur combat étoient attachées les destinées de leurs sujets, il ne faudroit donc plus ni génie ni vertu, et ce seroit aux gladiateurs à régner !

Il a passé par la tête de quelques rêveurs de bien public, que les guerres pourroient se décider par de petites armées ; que les souverains pourroient convenir entre eux de n'entretenir que des armées proportionnées à l'étendue de leurs états et à leurs moyens. Mais cette chimère s'évanouit au premier examen. S'il pouvoit y avoir jamais un congrès de souverains assemblé pour traiter du bonheur du genre humain, il seroit plus aisé d'y réaliser le projet de paix perpétuelle, que d'y former de pareilles conventions ; car, qui est-ce qui établiroit cette proportion ? où seroit l'échelle arithmétique de l'armement de chaque puissance ? La Russie prétendroit que l'étendue est la mesure de la force, la France diroit que c'est la population, l'Angleterre le commerce, la Hollande la richesse ; le roi de Prusse pourroit dire que c'est le talent et le génie du souverain.

Laissons-là ces chimères, et parlons des deux manières les plus usitées, les plus habituelles que toutes les nations, tant anciennes que modernes, ont eues de vider leurs débats. L'une est en faisant la guerre elles-mêmes, c'est-à-dire, en s'armant au moment où la guerre se déclare, en choisissant parmi elles les plus jeunes, les plus vigoureux, les plus ardens, les plus nobles, et en allant combattre avec ce ramas plus ou moins informe, sous le nom de communes, d'hommes-d'armes, d'arrière-ban, de prospolite, de milice enfin. L'autre manière est en entretenant constamment et à grands frais sur pied, des armées que la paix prépare, discipline, forme à la guerre, sur lesquelles les nations se reposent du soin de leur défense; derrière lesquelles enfin, si on excepte les pays qui sont le théâtre des opérations, elles sèment, recueillent, jouissent de toutes les douceurs de la vie, ne prenant de part à la guerre que par curiosité ou par des affections personnelles, et les événemens qu'elle produit n'étant déjà plus que les songes de l'histoire quand ils leur parviennent.

Cette première manière est entièrement perdue en Europe. Les Turcs seuls l'ont conservée; ils la payent cher; et leur dernière guerre avec les Russes a jugé sans retour le procès entre la multitude et la discipline. Il restoit encore la pospolite des Polonois; neuf ou dix mille Russes menés à la moderne ont dissipé par-tout ces hordes impuissantes. Dans toute l'Europe enfin, il n'y a plus aujourd'hui que des nations qui, du plus au moins, ne sont pas guerrières, et qui payent des troupes réglées, des armées perpétuelles, des armées toujours en présence, pour se battre à leur place.

Il est question maintenant d'examiner laquelle des deux manières est la plus avantageuse aux gouvernemens, et la moins onéreuse aux nations et à l'humanité.

La question est si évidente relativement aux gouvernemens, que je n'aurai pas besoin de m'y arrêter long-temps. Sans armées et sans de grandes armées, les grands états ne peuvent avoir ni sûreté, ni considération, ni politique. Ils se mettroient à la merci du premier souverain, inférieur en puissance réelle, en moyens, en population, qui, avec de l'ambition et du talent, voudroit se faire une existence par les armes. Ainsi le roi de Prusse, faisant de sa cour un camp, tournant toutes ses forces vers le militaire, et ayant même l'adresse de les grossir, en appelant à son service beaucoup d'étrangers, eût fini par abattre la Maison d'Autriche, si elle n'avoit à son instar formé une armée capable de le balancer. Mais sans parler du dehors, et en descendant du grand au petit pour étendre la question aux états qui ne peuvent point entretenir d'armée, sans forces militaires quelconques, les gouvernemens n'auroient ni autorité, ni appui, ni force coactive. La forme du gouvernement et l'étendue de pays ne font que modifier ce principe; mais par-tout il faut des troupes. Depuis la France jusqu'à la république de Venise, il faut, dans une proportion et dans une forme quelconque, entretenir des soldats.

Ici les philosophes vont s'élever, ils vont faire retentir les mots si vagues et si souvent mal conçus de despotisme et de liberté. Examinons ce qui fonde leurs clameurs, et réduisons à la vérité, et sur-tout à la possibilité, leurs vœux et leurs déclamations.

Sans doute les troupes peuvent quelquefois servir d'instrumens au despotisme; mais le despotisme n'existoit-il pas avant qu'il n'y eût des troupes réglées? N'existe-t-il pas dans l'Orient, où il n'a pour agens que des eunuques et des bourreaux? Louis XI sans armée ne fut-il pas plus despote que Louis XIV, créateur des grandes armées? Sont-ce des troupes qui ont exécuté le massacre de la Saint-Barthélemy? Tous les souverains de l'Europe ont des troupes; à quelle barbarie, à quelle exécution, à quel coup de tyrannie les emploient-ils? C'est quand les princes sont foibles, et armés d'un demi-pouvoir, qu'ils sont plus dangereux peut-être. C'est alors que la défiance les accompagne et que la résistance les aigrit; c'est alors qu'ils s'entourent d'espions et de bourreaux. C'est alors qu'un Louis XI fait de son palais une citadelle, et de cette citadelle le cachot et le charnier de ses victimes. C'est alors qu'un Henri III fait assassiner les Guises qu'il redoute. C'est alors qu'on donne ordre d'arrêter mort ou vif le maréchal d'Ancre, ce qui n'est qu'un autre assassinat pallié. C'est alors qu'un Richelieu, alarmant toujours l'ombrageuse pusillanimité de son maître, se sert de son nom pour étendre son pouvoir personnel, et pour faire traîner à l'échafaud de prétendus conspirateurs. Quand l'autorité est appuyée par des armées, il n'y a plus ni tentatives, ni occasion de troubles. Les ministres n'ont plus de prétexte pour perdre leurs ennemis. Ils ne peuvent plus les accuser d'un crime dont la possibilité n'existe plus. Les philosophes diront que cette tranquillité est un calme funeste, que c'est le calme des tombeaux; mais il s'agit de savoir, si pour l'intérêt de l'humanité, si pour l'intérêt de cette portion sacrée, parce qu'elle est la portion souffrante et nombreuse, du peuple en un mot, les convulsions des guerres civiles ne sont pas cent fois plus redoutables ? Que gagne ce peuple infortuné à ces secousses, à ces prétendues améliorations des gouvernemens ? Où a-t-on fait des lois pour lui ? Où a-t-on remédié à la monstrueuse inégalité des fortunes ? J'interroge ici la philosophie impartiale, la vraie philosophie, et je la somme de me répondre.

L'usage des armées perpétuelles eût été funeste à l'humanité dans des temps de barbarie et d'ignorance; aujourd'hui les lumières, l'évidence de la raison, la douceur des mœurs, enfin tout, jusqu'à la mollesse et à l'affoiblissement des caractères, ôte à cette institution tout son danger. Les armées sont les appuis les plus fermes de l'autorité légitime, de l'autorité se contenant dans de justes bornes; mais elles sont en même temps un frein tacite à la tyrannie. Un Charles IX commandant à ses troupes le massacre de ses sujets; un Néron voulant incendier sa capitale, ne trouveroit dans ses troupes que les instrumens de sa déposition.

Sans doute la liberté est perdue, sans doute elle est presque impossible à recouvrer partout où les souverains ont des armées formidables. Mais la liberté, j'entends par la liberté le droit de se gouverner elles-mêmes, car, voilà chez les nations policées à quoi il faut la réduire, conviendroit-elle à presque toutes les grandes nations de l'Europe ? La plupart d'entre elles ne sont ni situées, ni constituées pour former des républiques. Il faut, pour goûter cette forme de gouvernement, une certaine trempe de caractère et d'esprit ; il faut des mœurs, de la pauvreté, de la simplicité ; il faut n'avoir pas connu toutes les jouissances empoisonnées et amollissantes du luxe, des lettres et des arts. Il faudroit qu'une partie des individus de chaque nation, n'eût pas contracté l'habitude et la nécessité de vivre des graces et des abus de toute espèce dont abonde le régime monarchique. Il y a telle nation enfin, parvenue au point que, si on lui faisoit présent de sa liberté, elle n'en sauroit point faire usage, tomberoit dans l'anarchie, et redemanderoit bientôt à grands cris le gouvernement contre lequel elle déclame aujourd'hui.

On citera l'Angleterre. On dira que l'Angleterre est à la fois riche et corrompue, et cependant forte et libre. Mais c'est à son heureuse situation, c'est aux mers qui l'environnent et qui la défendent, que l'Angleterre redoit d'avoir maintenu jusqu'ici la forme de son gouvernement. C'est cette situation qui lui permet de se passer d'armées de terre, ou du moins d'en avoir une peu considérable. Ses flottes lui tiennent lieu de remparts et de bataillons. Et tel est l'avantage des forces de mer, quand toutefois elles sont fondées comme celles de l'Angleterre sur un grand commerce maritime, qu'elles s'alimentent et s'entretiennent par ce commerce même. Tel est encore leur avantage, qu'en défendant l'Angleterre contre les ennemis du dehors, elles ne mettent pas dans les mains du souverain une puissance dangereuse; car avec une flotte on n'est point maître d'un pays. Mais supposons l'Angleterre au milieu du continent comme l'Allemagne, supposons seulement qu'elle ne fût pas séparée de la France par un bras de mer; alors elle seroit obligée d'avoir des armées de terre. De-là, sous le premier roi guerrier et victorieux, la prérogative royale s'étendroit, les contre-poids de son autorité seroient affoiblis, enfin, tout l'équilibre de cette belle constitution seroit sappé par les fondemens.

Laissons donc la philosophie se repaître de chimères qui ne peuvent se réaliser, et parlons de notre situation. Nous habitons un grand continent, nous avons des frontières d'un immense développement, des voisins belliqueux et puissamment armés. Le gouvernement monarchique est celui qui convient le mieux à une telle position. C'est celui, quoique l'histoire fournisse quelquefois des exemples opposés, qui est le plus capable d'expédition, de secret et de vigueur ; c'est celui qui peut le mieux opérer la réunion et le concours des moyens d'une aussi grande masse. Par une conséquence de cette situation, il nous faut des armées proportionnées à notre puissance et à celle des nations qui nous avoisinent. La Pologne a fait la triste expérience des abus de l'anarchie républicaine ; par un systême funeste de liberté, elle n'a voulu ni armées, ni places de guerre ; elle a craint de se mettre dans les mains de son souverain, et elle est devenue l'esclave et la proie des puissances monarchiques et formidablement armées qui l'environnent.

Examinons maintenant, si d'abord il seroit possible, et ensuite s'il seroit avantageux aux nations modernes de faire la guerre elles-mêmes, au lieu de la faire par des suppôts, c'est-à-dire, par des troupes réglées.

La discipline et les progrès de l'art en tout genre ont mis aujourd'hui une si prodigieuse différence entre des armées qui seroient rassemblées passagèrement pour combattre, telles que pourroient les composer nos milices ou nos arrière-bans, et des armées constituées et entretenues de longue main pour cet objet, qu'il ne reste, même avec une grande supériorité de nombre, nul terme d'égalité entre les premières et les dernières, nulle possibilité raisonnable de se hasarder avec les unes contre les autres ; enfin que la nation qui, entourée de voisins armés suivant le système moderne, voudroit revenir à l'ancien système, et, si je puis m'exprimer ainsi, se battre elle-même pour gagner son argent, seroit, relativement à ses voisins, dans la même proportion de désavantage et de foiblesse qu'un homme désarmé, ou ne sachant pas manier ses armes, vis-à-vis d'un homme armé et exercé à manier les siennes.

Les philosophes n'ont pas manqué de triompher les années dernières, en voyant les Américains résister avec des succès à l'armée Angloise ; cet exemple flattoit leurs opinions. Malgré les armées, disoient-ils, il restera donc à la liberté un asyle sur la terre ! Malgré les armées, les nations mécontentes et opprimées pourront donc se soulever contre leurs tyrans ! L'amour de la liberté pourra donc, en élevant une nation au-dessus d'elle-même, tenir lieu de tous ces détails d'art et de discipline tant vantés par les gens de guerre !

Cette résistance des Américains, ces succès, qui seront peut-être éphémères, n'ont pas changé mon opinion. D'abord je crois que la différence dont j'ai parlé ci-dessus, quoiqu'en apparence démentie par les résultats, n'en existoit pas moins entre l'armée Angloise et celle de Washington, et même entre celle de Burgoine qui a mis bas les armes, et celle de Gates qui l'a fait capituler. Je crois que, si on pouvoit consulter les officiers étrangers qui ont vu cette guerre; que, si on pouvoit ouvrir la bouche à celui d'entre eux qui s'y est fait un si beau nom, qu'une expédition personnelle, si chevaleresque, si généreuse, soutenue par tant de conduite, de prudence, de valeur et de modestie, vient de mettre dans le tableau des jeunes gens ses contemporains sur un plan si distinct et si séparé; je crois, dis-je, qu'ils conviendroient unanimement que les malheurs des Anglois ne viennent que de leurs fautes; que leurs généraux ont manqué de plan, pris de fausses mesures, mal-à-propos divisé leurs forces; qu'ils ont fait sur-tout la grande faute de ne pas assez sentir la supériorité de leurs moyens, et d'oublier que des troupes réglées qui comptent avec des milices, perdent dès-lors même leur principal avantage, qui consiste dans l'opinion qu'elles doivent avoir de leur supériorité, et qu'elles donnent par-là à ces dernières un peu de contenance et de force. Je crois enfin qu'ils se réuniroient tous pour avouer qu'ils ont souvent gémi de cette prodigieuse différence, et qu'en supposant que l'amour de la liberté existe unanimement parmi les Américains, ce sentiment, qui fait quelquefois des héros parmi les individus, est, pour la multitude, un véhicule moins sûr que la discipline.

Mais, quand la guerre des Anglois en Amérique n'auroit pas l'issue que je crois devoir être celle de toute guerre faite avec des troupes réglées bien conduites, contre une nation armée, cet exemple ne prouveroit rien encore contre mon opinion; car cette guerre ne ressemble en rien à celle qui se fait en Europe. Les Anglois sont à deux mille lieues de leur pays. Les vivres, l'embarras des transports, la lenteur et l'incertitude des convois, la nature du sol, qui, par ses grandes rivières, ses lacs, ses forêts, présente de plus grands obstacles que notre continent, la difficulté de s'avancer dans les terres quand on tire toutes ses subsistances de la côte et de ses flottes; tout cela peut balancer la supériorité que la discipline et l'espèce de leurs troupes donnent d'ailleurs aux Anglois sur les Américains.

Revenons à la différence qu'apportent aujourd'hui la discipline et les progrès de l'art entre les armées et le fonds des nations. Cette différence étoit déjà immense du temps de Louis XIV, et on fut au moment de l'éprouver d'une manière terrible; car, si en 1710, au lieu de l'heureux événement de Denain, la seule, la dernière armée qui restoit à Louis XIV, eût éprouvé encore un malheur comme celui d'Hochstett, on eût vu ce que seroit devenu le premier royaume de l'Europe n'ayant plus d'armées. A quelques places de la frontière près, ce royaume étoit tout entier; vingt millions d'habitans n'avoient seulement pas entendu le bruit du canon, et cependant le prince Eugène fût arrivé sans obstacles jusqu'à la capitale. Frappé, avec raison, de ses longues calamités, mais conservant encore de la dignité sous leur poids, le maître de ce vaste empire n'osoit, en cas de défaite, espérer qu'une mort honorable. *Si vous êtes battu*, avoit-il dit, en partant, au maréchal de Villars, *je convoquerai ma noblesse et j'irai mourir à sa tête.*

Mais c'est à l'époque du roi de Prusse, qu'il faut à juste titre regarder comme un nouvel âge dans la science militaire, que la différence, apportée par le système de guerre moderne entre les armées et les nations, est devenue bien plus sensible encore. Ce prince a fait naître un nouvel ordre de choses; il a créé une nouvelle discipline, une nouvelle Tactique, un nouveau genre de guerre. Son armée, toujours complette, toujours pourvue de tous les attirails nécessaires, toujours menaçante, est devenue comme cette barrière formidable de légions, qui, dans les beaux jours de Rome veilloit autour des frontières. Rival de voisinage et de gloire, l'empereur a embrassé le même systême, et marche sur les mêmes traces. Il ne s'agit plus enfin aujourd'hui, comme on faisoit sous Louis XIV, et comme on a continué de faire long-temps après lui, de lever de grandes augmentations à la guerre pour faire ensuite de grandes réformes à la paix. Les progrès de l'art, la nécessité de l'instruction, l'importance de la discipline, obligent à faire de la paix l'école de la guerre, et à entretenir les armées sur un tel pied qu'elles puissent entrer en campagne au premier signal. Par-là les troupes réglées acquérant de plus en plus la supériorité sur le fonds des nations, les nations sont moins que jamais dans le cas de se passer d'elles, et de pouvoir se mesurer avec elles.

Les choses en étant à ce point, quelle grande nation pourroit oser s'écarter du système reçu! Mais je vais démontrer que la sûreté, la nécessité à part, l'intérêt des nations modernes est encore d'entretenir des troupes réglées pour faire la guerre, plutôt que de faire la guerre elles-mêmes.

Quand les nations sont à demi-barbares, quand elles n'ont ni lumières, ni commerce, ni richesses, ni luxe, l'oisiveté des nobles, la vigueur des jeunes gens, l'ardeur des ambitieux, la férocité générale des esprits, enfin, l'appât de la seule espèce de gloire qui leur soit connue, portent beaucoup d'hommes vers les armes. Aux arts de premier besoin près, il n'y a presque que deux occupations, labourer et combattre. Tels étoient les Romains dans les premiers âges de la république; les consuls plantoient leurs drapeaux dans le champ de Mars, et la jeunesse accouroit en foule se ranger sous eux. Tels étoient encore la plupart des peuples de l'Europe il y a deux siècles. Les troubles de religion, l'anarchie du gouvernement féodal, les entretenoient dans un état de guerre presque continuel. Chaque seigneur, chaque ville, chaque paroisse avoit sa bannière. Comme il ne falloit ni discipline, ni science, chacun pouvoit au besoin s'armer et combattre. On se rappelle la facilité avec laquelle se faisoient ces émigrations armées sous le nom de Croisades. Il est si aisé de détacher de leur sol et de mener à la mort des hommes qui ne savent que faire de leur vie! Dans nos nations modernes, les lumières et les richesses ont, à cet égard, tout fait changer de face. Elles ont créé une foule de professions nouvelles, ouvert en tous sens des débouchés, énervé les corps, amolli les courages, et fait sentir le prix de la vie. On appelleroit aujourd'hui en vain les citoyens à la défense de leur pays; excepté la noblesse, qu'un reste de préjugé y feroit aller, toutes les autres classes sont occupées, toutes ont leurs liens, leur profession, leurs intérêts, leurs devoirs; il ne resteroit à l'entière disposition du gouvernement que la dernière classe du peuple, qui s'y feroit traîner plutôt que conduire. Plus les nations sont riches, éclairées, heureuses, moins elles peuvent donc combattre elles-mêmes; plus il leur est à la fois nécessaire et avantageux de commettre et d'entretenir une petite portion d'entr'elles pour se vouer à leur défense et pour être leurs représentans.

Si dans un gouvernement quelconque tout le monde doit sa part de l'impôt, la défense publique est un devoir plus sacré sans doute, et le tribut de son sang est, avant tout, celui que, dans l'institution primitive, personne n'a le droit de refuser. Or, voilà la dette, voilà l'impôt, dont les gens de guerre, entretenus par la nation, soulagent le magistrat, le négociant, le savant, l'artiste, le père de famille, enfin jusqu'au citoyen inutile qui pèse sur la terre qui le nourrit, et qui ne fait rien pour elle.

Je laisse à juger maintenant s'il est juste de déclamer contre les gens de guerre, de chercher à avilir les troupes par le nom de stipendiaires, et de paroître toujours regretter la dépense qu'elles occasionnent. Et en quoi les gens de guerre sont-ils donc plus des stipendiaires que le magistrat qui reçoit des gages, et que l'homme de lettres ou que l'artiste qu'on pensionne! Si dans la masse générale des salaires on compare les leurs à ceux des autres professions, ils sont les moindres de tous. Si on compare ensuite les services, les autres professions donnent leur temps, celle-là donne son sang et sa vie.

On m'objectera le nombre excessif de troupes, en disant qu'il est follement accru dans plusieurs états, et beaucoup par-delà ce que permettroit leur population. On m'objectera le grand nombre de bras que cela enlève à l'agriculture et aux autres professions; le tort plus que réel que cette quantité de gens de guerre, presque tous célibataires, tous dans la vigueur de l'âge, fait à la population; la cherté de l'entretien de pareilles armées à la paix, cherté d'autant plus onéreuse, d'autant plus sensible alors, qu'elle ne paroît plus justifiée par le besoin. On m'objectera le systême de guerre devenu, de tous côtés, et en tout genre, plus dispendieux qu'autrefois; les guerres épuisant de-là presqu'également le vainqueur et le vaincu, faisant gémir l'un de ses victoires et ne l'en dédommageant pas, et faisant à la fois pleurer à l'autre sa honte et sa ruine. Ces argumens contiennent plus d'objections spécieuses que solides. Je vais le prouver par l'analyse suivante, et montrer qu'aucun d'eux ne conclut puissamment contre le systême de guerre moderne.

Revenons d'abord à ce qui concerne la prodigieuse quantité de troupes; l'objection élevée à cet égard ne peut regarder que trois ou quatre grandes puissances, car les puissances inférieures, même en y comprenant ces petits princes d'Allemagne, qui trafiquent de leurs troupes comme d'une denrée de leur pays, ont toutes certainement un pied de troupes très-inférieur à leur population. Venons donc à ces puissances formidables, à ces colosses armés, contre lesquels une philosophie mal-entendue élève tant de réclamations.

A titre de puissance militaire formidable, je ne devrois certainement pas parler de la France la première; car, vu le pied actuel de son militaire, elle n'est dans cette classe que la quatrième; mais comme elle est la première par ses moyens réels, comme elle devroit l'être par sa situation, par sa politique; comme les autres puissances n'ont fait qu'usurper sa place, et qu'elle la reprendra dès que son gouvernement aura la volonté et la vigueur de s'en ressaisir; comme elle est enfin celle qui m'intéresse, je vais commencer par elle.

Nous ne partirons pas ici du pied actuel des troupes du royaume, ce pied étant certainement inférieur à ce qu'il devroit être, et à ce que nos moyens nous permettent. Nous le supposerons tel qu'une saine politique, tant extérieure, qu'intérieure, doit le déterminer. Cette double politique a des bases positives, et que nous ne craignons pas que les administrateurs les plus dépourvus d'énergie et d'ambition puissent contester.

La France peut ne vouloir ni conquérir ni s'étendre. Elle peut, préférant le repos à la guerre, et faisant de la paix son premier objet, renoncer au rôle de puissance prédominante, que sa supériorité en tout genre lui assigne. Mais du moins faut-il qu'elle tienne sa place et son rang parmi les grandes puissances ; du moins faut-il qu'elle puisse non-seulement conserver ses possessions territoriales, mais aussi sa considération, sa dignité, son influence dans les affaires de l'Europe, autre genre de possession auquel tout bon gouvernement doit mettre du prix. Pour se maintenir dans cette situation, il faut qu'elle soit armée au moins comme les principales puissances du continent de l'Europe ; je dis au moins, car elle a de plus qu'elles des côtes à garder, des colonies à défendre. Ainsi, par exemple, le pied de paix des armées de l'Empereur et du roi de Prusse, qui sont les deux plus grandes puissances militaires de l'Europe, est ordinairement, en temps de paix, de 160 mille hommes, en n'y comprenant que les troupes de campagne. Il faut, d'après cette proportion, que celui des troupes de France soit de 180,000 hommes, dont 30,000 hommes de cavalerie tout montés, non compris ses milices. Cet excédent de supériorité doit avoir pour objet de faire face aux garnisons extérieures, et à la grande étendue de nos frontières et de nos côtes; de manière que le nombre de troupes disponible, c'est-à-dire, prêt à entrer en campagne, soit égal à celui que chacune de ces puissances peut y mettre.

Ce nombre pris pour base habituelle de notre constitution militaire, est certainement loin d'être en proportion de notre population, et de ce qu'elle peut fournir à l'état militaire sans s'affoiblir, si, comme paroît le prouver invinciblement l'Ouvrage de M. Moheau, intitulé *Recherches et Considérations sur la population de la France*, imprimé en 1774, elle se monte à 24 millions d'habitans, sur laquelle déduisant les femmes, les vieillards, les enfans, et enfin tout ce qui est au-dessous de 16 ans et au-dessus de 50, il détermine le nombre d'hommes en état de porter les armes à 5,518,540: car, il s'ensuit de ce calcul que le militaire de terre, entretenu constamment à la paix sur le pied effectif de 180,000 hommes, ne seroit à la classe d'hommes en état de porter les armes que de 1 à 30 $\frac{2}{3}$; cette proportion devient moins onéreuse encore, en supposant que sur ces 180,000 hommes il y ait à peu près 20,000 étrangers, car cela la met alors de 1 à 33 $\frac{2}{5}$.

Mais il faut à la vérité observer, 1°. que sur ces 5,518,540 têtes, une réduction juste à établir, est de ne compter que les hommes au-dessous de 45 ans, parce que quoique beaucoup d'hommes continuent leur service militaire par-delà ce terme, on ne doit ni enrôler comme soldat, ni classer à titre de milice aucun homme au-dessus de 40, d'où je crois pouvoir établir avec raison la moyenne de 45. 2°. Qu'il faut déduire sur ces 5,518,540 têtes, les hommes que quelque infirmité ou défectuosité grave rend inhabiles au service, ceux qu'une taille trop petite en fait rejeter; usage peut-être bien mal-entendu dans une nation que la nature, et peut-être plus encore, une infinité de vices auxquels les lois pourroient remédier, ont faite en général d'une taille peu élevée, et qui nous paroît bien moins raisonnable que celui des Russes. Cette nation n'étant pas plus élevée que la nôtre, elle a le bon esprit de ne point considérer la taille pour l'état de soldat, et de se contenter du degré de force capable de soutenir une grande fatigue. 3°. Qu'il faut déduire sur ces 5,518,540 têtes, les hommes qui font partie de l'ordre du clergé, de la noblesse, de la magistrature, et ensuite les professions de la finance, du commerce, des arts; en considérant toutefois, pour ne pas exagérer cette réduction, que la noblesse fournit son contingent à l'état militaire, puisque c'est elle qui compose les officiers; et qu'il ne faut véritablement déduire pour les autres états ou professions, que les hommes compris entre l'âge de 16 et 45 ans, puisque ce n'est que de cette classe dont nous parlons ici. 4°. Qu'il faut déduire encore les hommes voués au service de la marine, tant militaire que marchande, en observant que cette profession emploie des hommes au-dessous de 16 ans et au-dessus de 45 ; les émigrans, déserteurs, ou gens errans dans l'Europe, nombre malheureusement considérable, et qui porte presque tout sur la classe de 16 à 45 ans, parce que c'est l'âge des passions ; sorte de maladie nationale, qui est à la fois le résultat de notre légèreté, celui du sentiment de confiance que le François a dans son esprit et dans les ressources de son industrie, et ce qu'il y a de plus triste, celui de l'excessive misère de la dernière classe de la nation; maladie qu'un bon gouvernement pourroit guérir, ou dont il pourroit du moins diminuer la contagion.

Je manque de connoissances et de recherches assez positives pour pouvoir statuer quel seroit, toutes ces déductions faites, le résidu net de population qui peut fournir à l'entretien du militaire de terre en France. Ce seroit un travail digne d'un ministère citoyen et animé de grandes vues. Ce travail, qui a des difficultés, mais des difficultés que l'amour obstiné du bien public et de la vérité parviendroit à vaincre, une fois fait, on ne flotteroit plus au hasard et sans principes; on connoîtroit la juste mesure de ses forces, d'une part, pour ne pas se les exagérer, et pour ne pas faire d'efforts au-dessus d'elles; de l'autre, pour ne pas rester au-dessous de ses moyens; on formeroit, d'après cette connoissance, un plan général pour la répartition des milices; supplément nécessaire aux armées, supplément qui, pendant la paix, n'est ni un inconvénient, ni une surcharge pour le peuple, et qui, pendant la guerre, n'est qu'un effort momentané, et une réserve indispensable pour faire face à la garde du royaume, à la lenteur ou à la difficulté des levées, et aux grands revers. Qui pourroit croire que la répartition actuelle de la milice n'est assise sur aucun calcul de population, que c'est la routine, l'usage, le protocole des bureaux qui la fixent, et que, pour preuve de cela, ces insuffisantes bases n'ont pas varié depuis son établissement?

Mais, sans pouvoir fournir à cet égard des calculs aussi positifs et aussi précis que je le desirerois, je crois en avoir dit assez pour montrer que le pied de notre militaire est certainement très-inférieur à ce que nous permet notre population, et que les déclamations philosophiques portent donc à ce sujet absolument à faux. Venons aux autres grandes puissances militaires.

L'empereur, le roi de Prusse, la Russie même, sont certainement plus formidablement armés que nous, si on compare le pied habituel de leur militaire au nôtre, et cependant la population de leurs états est bien inférieure à la nôtre; car l'empereur n'a, dans toutes ses possessions réunies, qu'environ 13 ou 14 millions d'habitans, et le roi de Prusse 7 ou 8, y compris, pour l'un et pour l'autre, leurs acquisitions en Pologne. La Russie n'a pas plus de 16 ou 17 millions d'habitans, et cette population est répandue sur une surface immense, ce qui, en la dispersant et la clair-semant, l'affoiblit sans doute. Mais ces puissances n'ont ni commerce, ni colonies; elles n'ont ni notre luxe, ni nos arts, ni notre religion, ni notre maladie d'émigration; elles n'ont point surtout, comme nous, une foule de citoyens que la philosophie, les lettres, les richesses, et il faut ajouter par-dessus tout, l'indifférence mal-adroite du gouvernement sur cet important objet, ont rendu cosmopolites et inutiles à leur pays. Le roi de Prusse qui, avec la population la plus foible, semble avoir porté son militaire sur un pied qui n'a aucune proportion avec elle, a l'art de faire partager à ses voisins, et à la France même, le fardeau de cet énorme appareil de guerre. La grande moitié de ses troupes n'est pas composée de nationaux, elle l'est de natifs de l'Empire, de déserteurs de toutes les nations, de François, tous ensuite amalgamés par la discipline, et environnés d'un mur d'airain, d'où ils ne sortent plus que quand il veut les lâcher dans l'arène pour les faire combattre.

Ne nous laissons donc pas aller à ces fausses spéculations d'une philosophie, qui ne peut apprécier dans le cabinet ni les localités des pays et des gouvernemens, ni les intérêts et les passions des souverains ; ne croyons pas que ces grandes puissances étrangères en viennent jamais à désarmer et à laisser tomber leur constitution militaire. Cette constitution est devenue la base de leur politique et de leur grandeur ; elle est analogue à la situation de leurs états, à l'esprit, aux mœurs, au caractère de leurs sujets. Des nations, plus heureusement situées, jouissent du commerce, des arts, des richesses ; il ne peut rester à ces peuples que l'existence des nations reculées dans le continent, celle d'être agricoles et guerriers. Chez eux le luxe, le rafinement des esprits, ne sappent et ne relâchent point comme chez nous la discipline militaire et le goût des armes. Chez eux, il n'y a qu'un état, qu'une profession, qu'un débouché pour la fortune et pour la gloire; chez eux tout homme en naissant est soldat, et la nation entière est la pépinière de l'armée. Chez eux enfin, la puissance militaire est le premier objet, toutes les dépenses s'y rapportent, et pour suffire à l'entretien des armées, les cours ont presque adopté la simplicité des camps.

S'ensuit-il de-là qu'il faille adopter le systême de ces nations pour ne devenir que militaires comme elles? Non, sans doute: il faut jouir de tous nos avantages; il faut profiter de cette abondante population, qui nous permet de faire face à la fois au commerce, aux arts, à l'agriculture et à la guerre. Il faut remplir la destination que la nature semble nous avoir assignée d'être un peuple universel; mais il faut avoir une armée qui soutienne cette grande destinée, et qui nous fasse respecter de nos voisins. La différence d'eux à nous, c'est que pour avoir une armée, ils sont obligés de combiner, de réunir, d'épuiser tous leurs moyens, c'est qu'en ayant une armée ils n'ont rien par-delà. Chez nous l'armée peut exister sans nuire aux autres parties de l'administration; elle ne doit être que la sauve-garde derrière laquelle toutes les autres professions, également encouragées par les moyens qui leur sont relatifs, également chères au gouvernement, seront florissantes et heureuses.

Mais, si les armées nombreuses introduites par le systême de guerre moderne, ne contribuent pas à la prospérité de l'état autant qu'à sa force, c'est la faute des gouvernemens et non celle de ce systême; car il y auroit des moyens sans nombre de rendre les troupes moins onéreuses aux nations. On pourroit, ainsi que le font les Russes, ne pas exiger une taille aussi élevée pour le soldat, et ne pas enlever ainsi à la population la plus belle espèce d'hommes. On pourroit, comme le pratiquent le roi de Prusse et l'empereur, favoriser les mariages des soldats, aider à la subsistance des enfans, élever les mâles dans la profession de leurs pères. Cet encouragement pour les mariages, cette éducation pour les enfans qui en naîtroient, et une foule d'autres avantages encore, pourroient être la suite et le fruit de la méthode des garnisons et quartiers sédentaires, mise à la place de cette vie errante et ruineuse qu'on fait mener à nos régimens. Au lieu de n'occuper les troupes qu'à des exercices puérils et presque étrangers à la guerre; au lieu de les entasser dans des places de guerre, comme si l'ennemi étoit aux portes du royaume, et par conséquent sur les frontières, où les vivres sont toujours plus chers et ont le plus de débouchés, où les habitans ont le plus de ressources et d'industrie; on pourroit les disperser dans les provinces intérieures qui manquent de vivification et d'espèces, et qui ont plus de denrées que de consommateurs. On pourroit leur répartir des terreins incultes, les employer aux travaux publics, à l'ouverture de plusieurs grands canaux qui nous manquent encore, à la confection des chemins et à la réparation de ceux qui existent. Il n'y auroit pas de régiment qui ne se chargeât, à bien moins de frais qu'ils ne coûtent, de l'entretien de ceux de son canton. On pourroit charger les troupes, de la garde et de la police intérieure du royaume, fonctions si mal et si chèrement remplies par la maréchaussée. Ce n'est qu'en France que cet établissement de maréchaussée a lieu. Dans toute l'Allemagne les troupes prêtent main-forte à la justice, à l'autorité civile, patrouillent sur les chemins, veillent à la sûreté publique. Et quel plus beau devoir peuvent en effet remplir les troupes à la paix! Chaque régiment seroit chargé et responsable de son arrondissement. Quand il partiroit pour la guerre, son dépôt, sous le nom de compagnie, bataillon ou escadron de garnison, qui seroit en même temps le dépôt des femmes, des enfans, celui des vieux soldats qui préféreroient cette retraite aux invalides, celui des soldats à demi-cassés et des jeunes gens trop foibles, qui, ne pouvant soutenir les fatigues de la guerre, seroient propres à ce service sédentaire; ce dépôt, dis-je, rempliroit en l'absence du régiment les soins qui lui étoient confiés.

Un état militaire de 200 mille hommes ainsi constitué, ainsi employé pendant la paix, seroit moins à charge à la population, aux finances, au royaume, que 140 mille hommes ou environ, tels que nous les avons aujourd'hui, accumulés et consignés dans des garnisons, perdus d'oisiveté et de débauches, dégoûtés de leur état, et tellement amollis de corps et de cœur, que, quand ils quittent le métier de soldat, ils ne sont plus capables que de travaux citadins et sédentaires. Eh! croit-on que la discipline et l'instruction y perdissent? Elles y gagneroient toutes deux. J'entends ici par la discipline, non cet enchaînement de fastidieuses minuties et de misérables détails de tenue, qu'on confond si mal à-propos avec elle, mais la discipline véritable, celle qui endurciroit les corps, qui subordonneroit les grades, qui feroit régner à la fois l'ordre et le contentement, qui n'auroit besoin ni de casernes ni de remparts, et qui se maintiendroit toute entière et aussi bien dans des villages et sous des tentes. J'entends par l'instruction, celle qui ne se borne pas à des exercices de détail et d'esplanade, celle qui enseigneroit la Tactique telle que je l'ai présentée dans cet Ouvrage, et qui par-là formeroit tous les grades et seroit applicable à la guerre. Il suffiroit pour cet effet de faire camper tous les ans, pendant deux mois, les troupes par régimens ou par brigades, au centre de leurs quartiers, et ensuite de les rassembler quinze jours en corps d'armée, au centre d'un certain nombre d'arrondissemens. J'ai vu les troupes Autrichiennes camper ainsi par brigades au centre de leurs *Numéros*; c'est le nom qu'on donne à leurs arrondissemens. Après ces deux mois et demi, les troupes rentreroient dans leurs quartiers; elles passeroient des exercices militaires, non à l'état d'inaction, mais à des exercices d'un autre genre et non moins importans, à des travaux de corps et à l'air, qui doivent former la base de l'éducation militaire. Que d'avantages, que de gains immenses il résulteroit pour l'État de ce genre de constitution et d'emploi des troupes! A la paix, l'économie; à la guerre, des victoires; en tout temps la vénération et la reconnoissance des autres ordres de citoyens pour l'état militaire, parce qu'en tout temps ils le verroient également utile.

Toutes ces pensées, qui ne m'appartiennent pas, qui sont jetées depuis long-temps dans le Public, mais que les préjugés et les abus repousseront peut-être toujours, viennent malgré moi se présenter en foule sous ma plume. Quel ministre, ou plutôt quel souverain les recueillera un jour? Ce sera celui qui sentira qu'il faut une armée formidable à la Nation, mais qu'il ne faut pas en même temps que cette armée lui soit à charge, et qui voudra s'immortaliser par le monument de ce grand problême résolu et mis à exécution.

Venons à l'objection faite au systême de guerre moderne, relativement aux dépenses qu'il entraîne. Je ne puis nier qu'en effet ce systême ne les ait beaucoup augmentées. Il les a augmentées d'abord à la paix, puisque d'après les progrès qu'on a faits sur la discipline, sur la Tactique, sur toutes les branches de l'art, d'après la nécessité d'avoir des troupes manœuvrières et toujours prêtes à entrer en campagne, la paix n'admet presque plus de réformes, et devient elle-même une prolongation de l'état de guerre. Il les a augmentées bien plus à la guerre, par les attirails immenses qu'exigent de grandes armées, par l'accroissement prodigieux de l'artillerie, par les frais d'achat, d'entretien, de remplacement qui s'ensuivent, enfin par le genre de guerre qui s'est établi. Les campagnes sont devenues plus longues; on ne connoît presque plus l'usage des quartiers d'hiver; delà les consommations ont doublé, les remplacemens sont continuels, tout ne peut plus se réparer qu'à la hâte et à frais énormes. Tel est enfin le résultat du systême de guerre moderne, que l'argent en est plus que jamais devenu le nerf et le moyen; que les petits Souverains ne peuvent plus avoir de troupes sur pied que pour les vendre, parce qu'ils ne seroient pas assez riches pour les mettre en action; que les grands souverains consomment la plus grande partie de leurs revenus à suffire à l'entretien de leurs troupes sur le pied de paix, et qu'à la guerre ils sont tous réduits aux emprunts, et au bout de quelques campagnes, soit vainqueurs ou vaincus, à-peu-près également ruinés, et forcés de desirer la paix.

Ce résultat devroit être avantageux aux puissances riches; il devroit sur-tout l'être à la France, qui, à d'immenses richesses, joint une immense population. Ses revenus sont à eux seuls plus forts que ceux de la maison d'Autriche, du roi de Prusse et de la Russie. Mais, par une fatalité dont la providence veut sans doute faire le contrepoids de sa supériorité, elle entretient à peine, avec quatre fois autant de dépense, un militaire aussi nombreux que celui de la Russie, et avec une dépense double, un beaucoup moins formidable que celui de la Prusse et de la maison d'Autriche. Ainsi la France entretient à peine aujourd'hui 140 mille hommes de troupes avec 106 millions qu'elle applique directement ou indirectement, à la vérité, et qui passent par toutes sortes de filières, tant grandes que petites, aux dépenses de son militaire de terre, tandis que la Russie en entretient 150 mille avec 27 ou 28 millions ; la Prusse environ 180 mille avec 56 millions, et l'Autriche à-peu-près autant avec 61 ou 62. Tel étoit du moins l'état des choses avant le commencement de la guerre allumée entre ces deux puissances.

Ce seroit un tableau intéressant que celui de ces diverses constitutions mises en opposition avec la nôtre, on y découvriroit les sources d'une différence si prodigieusement à notre désavantage ; mais, outre que ce n'est pas ici mon objet, ce seroit m'écarter des vérités générales qui n'entraînent jamais d'inconvénient, pour m'engager dans le recensement et dans la discussion des abus particuliers. Or je dois me souvenir que c'est une guerre où il n'y a que des coups à gagner, parce que derrière les abus sont retranchés tous les gens qui en jouissent ou qui en vivent.

Les dépenses de ces nations, pour l'entretien de leurs armées à la guerre, suivent à-peu-près les mêmes proportions qu'à la paix. Ainsi la Russie est la puissance qui met ses armées en action et qui les entretient à moins de frais. Cette économie tient à la bonté de la constitution des troupes Russes, à leur sobriété, à leurs méthodes de subsistances, qui sont infiniment moins dispendieuses que celles de toutes les autres nations de l'Europe. Les régimens Russes sont comme les légions Romaines; ils ont dans leur sein tous les ateliers nécessaires à leurs besoins. On leur distribue de la farine, et souvent même du grain en nature; ils ont des moulins à bras par compagnie; ils font eux-mêmes leur pain; souvent ils s'en passent, et du biscuit ou de la farine détrempée et cuite dans l'eau suffit à leur nourriture. Enfin l'argent étant très-rare en Russie, toutes les denrées, toutes les matières premières y sont à vil prix, et par conséquent tout est beaucoup meilleur marché pour le gouvernement.

Le roi de Prusse est ensuite le souverain

qui fait la guerre avec le moins de frais. Cette économie ne tient point aux mêmes causes que celle de la Russie; car la constitution de ses troupes n'est pas aussi bonne à cet égard, et elle ne diffère guère de celle des autres troupes Allemandes. Les denrées et les matières de premier besoin ne sont pas non plus à meilleur compte chez lui que dans le reste de l'Allemagne; mais, comme il est le seul souverain de l'Europe qui ait un trésor, il paye tout comptant. Il ne connoît point les avances usuraires des entrepreneurs, et, quand il traite avec eux, c'est encore l'argent à la main. Son économie tient sur-tout à l'habileté avec laquelle il sait tirer parti des moyens et des ressources du pays, soit ami, soit ennemi: aucun général n'a aussi bien que lui commenté et pratiqué cette maxime de Caton: *il faut que la guerre nourrisse la guerre.*

La maison d'Autriche a jusqu'à présent tenu le troisième rang pour l'économie dans les dépenses de guerre. Peut-être l'empereur, commandant ses armées lui-même, et applanissant par sa présence beaucoup d'obstacles contre lesquels ont toujours à lutter de simples généraux, forcés de compter avec un conseil de guerre et avec une cour, l'administration militaire des Autrichiens en temps de guerre se perfectionnera - t - elle maintenant comme elle s'est déjà perfectionnée relativement aux dépenses de paix. Mais toujours est-il, jusqu'à présent, que la science de tirer parti du pays ne leur est pas aussi connue qu'aux armées Prussiennes. Toujours est-il qu'ils ont un grand obstacle à toute espèce d'amélioration économique, que, comme nous venons de l'observer, n'a pas le roi de Prusse. Loin d'avoir des fonds en réserve, et d'être seulement sur son courant, la cour de Vienne a encore des dettes de la guerre dernière à acquitter : à peine a-t-elle fait une campagne, et déjà elle négocie des emprunts. De-là il n'y a qu'un pas aux entreprises et à tous les abus qui s'ensuivent.

Quant à la France, en supposant qu'à la première guerre nous ne changions ni de méthodes, ni de mesures, l'augmentation de dépenses où la guerre nous jette est presque impossible à calculer; ordinairement elles doublent; enfin en cas de malheur elles n'ont plus de bornes. La campagne de 1757 nous a coûté 200 millions, et celle de 1759 guère moins. Cette différence énorme de nos dépenses à celles des puissances étrangères, tient sans doute en partie à ce que toutes les denrées, toutes les fournitures, toutes les matières premières à l'usage des troupes, de quelque espèce qu'elles soient, coûtent plus cher en France que par-tout ailleurs. Mais elle tient aussi à des points plus décisifs, à la disette d'argent où se trouve tout de suite l'administration, et de-là au besoin où nous sommes de nous mettre pieds et poings liés entre les mains des entrepreneurs; à notre mal-adresse à tirer parti des moyens du pays où nous faisons la guerre, mal-adresse telle que les contrées les plus abondantes ne peuvent suffire à nourrir nos armées; à notre habitude de ne savoir rien faire qu'avec des attirails énormes et à prix d'argent; enfin à tant et tant d'abus, soit de routine, d'ignorance ou de malversation, que je ne puis ni n'ose m'y arrêter. Les indiquer en masse, c'est tomber dans la déclamation; les détailler et les appuyer de preuves, c'est un rôle dangereux; et ce qui doit arrêter plus que le danger, c'est qu'en se chargeant de ce rôle, on ne fait que se dévouer sans succès. Il ne faut attaquer les abus que quand on est armé du pouvoir, et si l'on n'a point en même temps la massue, il ne faut pas s'aviser de faire usage du flambeau.

Ce qui arrive à la France est au reste le sort de l'Angleterre pour toutes ses dépenses de guerre; et peut-être, à cet égard, les vices de son administration, et ses abus en tout genre, sont-ils plus dissipateurs encore; comme s'il de voit en être des nations riches ainsi que des particuliers opulens, qui sont condamnés à ne plus rien acheter au poids et au prix courant, et qui trouvent dans leurs richesses mêmes la source de leur ruine; comme si le sort vouloit établir une sorte d'équilibre entre les nations riches et les nations pauvres, en grossissant les moyens des unes par l'économie, et affoiblissant ceux des autres par la dissipation!

Mais je touche ici à un des points le plus important de ce chapitre, à une proposition dont l'énoncé va paroître un paradoxe, tant elle choque les opinions reçues. Je prétends que les armées nombreuses et les dépenses nécessaires qu'elles entraînent, ne sont pas pour les peuples un fardeau sans dédommagement, et que le système de guerre moderne, envisagé sous ce rapport, et comparé au système ancien, est très-avantageux aux nations et à l'humanité.

Autrefois, quand on n'avoit que de petites armées, quand la guerre se faisoit sans beaucoup d'attirails et à peu de frais, quand il n'y avoit pas d'armées constamment sur pied, et que les armées ne se formoient que passagèrement pour le temps de la guerre, et quelquefois même pour le moment des expéditions seulement, les guerres étoient beaucoup plus fréquentes, et l'Europe en étoit perpétuellement le théâtre. Chaque petit souverain, chaque seigneur tant soit peu puissant, avoient le droit et le moyen de la faire; il leur suffisoit de convoquer leurs vassaux. A plus forte raison la guerre étoit-elle facile aux grands souverains. Pour le plus léger grief on couroit aux armes.

Quand l'art militaire commença à renaître, quand des troupes un peu mieux réglées prirent la place de cette espèce de milice féodale, comme ces troupes étoient encore en petit nombre, comme elles se levoient et s'armoient à peu de frais, cela ne rallentit point encore la fureur et la fréquence des guerres. On vit l'Europe pleine de petites armées. De simples généraux, n'ayant de droit que leur épée, s'attachoient des aventuriers et faisoient la guerre pour leur compte, ou se vendoient aux souverains. Ainsi firent Bertrand du Guesclin, le connétable de Bourbon, le duc de Weymar, etc. De-là ces stipendiaires sous toutes sortes de noms, Reitres, Lansquenets, Archers, que l'Allemagne et l'Italie fournissoient à nos armées. Ces petits princes, qui aujourd'hui vendent pacifiquement leurs troupes pour suffire au luxe de leurs petites cours; ces petits princes, aujourd'hui réduits à se mettre sous la protection des grandes puissances, pour n'être pas dépouillés par elles, étoient tous alors turbulens et ambitieux. Ils faisoient la guerre à la tête de leurs troupes et pour eux-mêmes. Il n'y avoit pas jusqu'aux évêques qui ne s'en mêlassent. Je ne citerai entre autres que le fameux Van-Galen, évêque de Munster. Je ne dois pas négliger de rappeler qu'indépendamment de toutes ces troupes il y avoit de grandes monarchies, telle que celle de France, par exemple, où les princes du sang et les grands seigneurs entretenoient beaucoup de gentilshommes et de gens armés. Nos princes avoient des gardes, des troupes, des places de guerre, et beaucoup d'emplois militaires à leur nomination.

Ainsi, en comptant tout ce qui étoit en armes alors, il y avoit peut-être en Europe autant d'hommes qu'aujourd'hui voués à cette profession; mais il n'en résultoit ni un aussi grand appareil, ni d'aussi grands effets, parce que l'on manquoit d'argent et de méthodes pour les réunir; parce que le systême de guerre de ces temps ne l'exigeoit pas; enfin parce qu'il n'y avoit pas, comme aujourd'hui, ces grandes masses de puissances qui ont anéanti toutes les autres, et qui, en même temps plus despotiques dans leur intérieur, ont réuni dans leurs mains toutes les forces éparses qui composoient l'ancien régime féodal. Ce qui forme aujourd'hui les armées de cinq ou six souverains de l'Europe, eût été autrefois soudoyé par cinq cents maîtres. Servir pour servir, il me semble que ceux qui y sont destinés ont gagné au change ; car les grands tyrans, si ces souverains étoient tentés de le devenir, sont encore de meilleure composition que les petits, et la servitude s'ennoblit un peu par la grandeur du maître.

Ainsi, dans ces siècles, certainement plus malheureux que le nôtre, les guerres étoient bien plus fréquentes et plus longues, et elles se faisoient dans bien plus de points à la fois. Cela me sera aisé à prouver. Aujourd'hui que la guerre ne peut se faire qu'avec des troupes réglées, avec des armées nombreuses, disciplinées de longue-main, et constamment entretenues sur pied, cinq ou six grandes puissances seules ont en Europe le droit et les moyens de la faire ; je dis le droit, car les puissances secondaires ne l'ont plus de fait, elles sont réduites à s'attacher aux puissances de premier ordre, et à faire juger leurs différens par elles. C'estdonc déjà beaucoup que cinq ou six têtes seules ayent la disposition de ce fléau, et ce sont déjà beaucoup de probabilités de plus en faveur de la paix; car moins il y a de têtes, moins il y a certainement de rivalité, d'intérêts et de passions en présence.

Ce n'est pas tout encore. Quand la guerre est facile à faire, quand elle n'exige que peu d'avances primitives, quand il ne faut pour l'entreprendre que rassembler des hommes, les armer, et courir sur l'ennemi, alors on s'échauffe pour de légers motifs, on obéit à un premier mouvement, on déclare la guerre et on la fait, comme un particulier met l'épée à la main pour repousser une offense. C'étoit ainsi qu'en usoient autrefois les nations et les souverains.

Aujourd'hui la guerre est devenue si difficile à entreprendre, elle exige tant de frais, tant d'avances, une mise dehors si ruineuse; elle offre, ainsi que nous le développerons ci-après en considérant le système moderne relativement à l'art en lui-même, des perspectives de succès si incertaines, des chances si peu complettes, et à la paix, une ruine à peu près si égale pour le vainqueur et pour le vaincu, que les souverains balancent long-temps à s'y déterminer. On dissimule les petits griefs, on pallie les autres, on négocie, et pendant que les négociations se font, l'animosité se refroidit, d'autres intérêts surviennent, et la paix se prolonge. Enfin, comme un système général de politique lie aujourd'hui toutes les grandes nations l'une à l'autre, soit par des rapports d'union, soit par des rapports d'inimitié, celles qui sont en paix craignant toujours, quand il survient une rupture entre quelques-unes d'elles, d'être entraînées dans la querelle, elles s'empressent d'offrir leur médiation. Tel est le spectacle que nous offre l'Europe depuis dix-sept ans. Trois ou quatre fois les apparences de guerre se sont évanouies en fumée. Elle venoit de s'allumer entre la Prusse et l'Autriche, les alliés réciproques ont interposé leurs bons offices, et ces deux puissances formidables, après s'être mesurées et s'être senties en équilibre de forces, se sont empressées de se réconcilier.

Par la même raison que les guerres étoient autrefois plus fréquentes, elles étoient plus longues, et par la même raison qu'elles sont aujourd'hui plus rares, elles sont aujourd'hui plus courtes. Ces résultats, en apparence si opposés, sont la suite de la différence des moyens qu'on employoit alors, et de ceux qu'on emploie aujourd'hui. Alors on agissoit avec peu de forces à la fois, et par conséquent avec peu d'efforts; de-là on pouvoit répéter ces efforts souvent et les prolonger long-temps. Aujourd'hui on agit avec des forces immenses et par conséquent avec d'immenses efforts. Ils doivent donc bientôt épuiser et donner le besoin de se reposer long-temps. La dernière guerre, qui a été et qui sera vraisemblablement la plus mémorable de notre siècle, a mis 500 mille combattans en armes, et elle a duré six ans. La plus célèbre guerre de l'autre siècle n'avoit mis aux prises que 100 mille combattans dans toutes les armées respectives, mais elle a duré 30 ans. Je ne hasarderai point de prononcer laquelle des deux a coûté le plus de sang et de larmes au genre humain ; mais plusieurs raisons me paroissent incontestablement prouver que le systême de guerre moderne est moins meurtrier et moins dévastateur que l'ancien.

D'abord il est hors de doute que l'usage des armes à feu a rendu les combats infiniment moins sanglans. Les causes de cette différence sont trop sensibles, et l'histoire en fournit trop de preuves pour que j'aie besoin de m'y arrêter. Il est hors de doute encore que, vu l'art avec lequel les batailles s'engagent aujourd'hui, elles ne peuvent plus être générales, et par conséquent aussi meurtrières et aussi décisives. J'ai expliqué au chapitre des ordres de bataille, comment la science moderne avoit substitué l'ordre oblique à l'ordre parallèle. C'est l'habileté des généraux et la bonté des dispositions qui décident aujourd'hui le sort des batailles, plutôt que la quantité de sang répandu. Enfin, c'est un jeu de calcul et de combinaison, qui a succédé à un jeu de hasard et de ruine.

Mais ce n'est pas sous ce seul rapport que le systême de guerre moderne est plus favorable à l'humanité. Aujourd'hui les guerres sont devenues moins cruelles. Hors de combats on ne répand plus de sang, on respecte les prisonniers, on ne détruit plus les villes, on ne ravage plus les campagnes. La philosophie, les lumières, l'adoucissement universel des mœurs, ont sans doute contribué à cette révolution ; mais elle est aussi le résultat du systême de guerre moderne.

Autrefois, quand la guerre se faisoit avec le fond des nations, quand c'étoit la noblesse et ses vassaux passagèrement rassemblés qui la soutenoient, la suite d'une victoire, l'invasion dans un pays, la prise d'une ville, devoient nécessairement entraîner le ravage et la dévastation. Tout pays défendu par ses habitans doit presque inévitablement éprouver ce genre de calamité. On espère par-là les intimider et leur faire poser les armes. Le vainqueur regarde alors le pillage comme la représaille de la défense. En ravageant, en détruisant, il croit affoiblir son ennemi, et il l'affoiblit en effet. Enfin, il est difficile de ne pas se laisser aller involontairement à traiter avec rigueur l'habitant qui naguère avoit les armes à la main. Cette rigueur est presque de droit naturel; car, en se défendant et en répandant le sang du vainqueur, l'habitant avec tout ce qui lui appartient semble être devenu l'objet et le prix de la conquête. Ainsi, dans cette fameuse guerre de trente ans, Magdebourg, défendu par ses habitans, ne fut plus qu'un monceau de cadavres et de ruines. L'Allemagne fut, dans presque toute son étendue et en tout genre, un théâtre de désolation. On vient de voir récemment en Amérique, que la guerre devient plus désastreuse et plus cruelle quand les habitans y prennent part. Les Anglois, qui se montrent dans toutes les autres guerres si humains et si généreux, ont commis des horreurs dans celle-ci. La philosophie peut leur en faire des reproches, mais toutes les raisons que je viens d'alléguer peuvent aussi les justifier.

Le systême de guerre moderne ayant fait en Europe, des armées et des nations, deux classes absolument séparées, les habitans des pays où se fait la guerre n'en sont plus que spectateurs. De-là une sorte de convention tacitement unanime leur sert de sauve-garde, et le rend sacrés même aux vainqueurs. On a vu de nos jours des villes emportées l'épée à la main, ne pas essuyer de pillage; c'est que les habitans n'avoient point eu part à la défense, et qu'il y auroit eu alors de la barbarie à se venger sur eux d'une résistance qu'ils n'avoient pas faite. Une armée s'empare d'un pays : à peine ce pays s'apperçoit-il qu'il a changé de maître. L'armée conquérante ne lui est pas plus à charge que celle qui le défendoit. Souvent ce qu'il paye en contributions lui est moins onéreux que ce qu'il payoit en impôts à son souverain, parce que les contributions militaires se payent par des voies plus directes et plus simples, au lieu que les impôts joignent à leur poids la surcharge de la perception financière et de tous les abus qui y tiennent. Enfin, si les nombreuses armées et leurs immenses attirails épuisent davantage le pays où elles séjournent, elles sont aussi obligées, pour s'en ménager les ressources, d'observer plus d'ordre et de discipline; elles déposent dans le pays plus d'argent qu'elles n'en retirent, et font par-là l'effet de ces torrens qui fertilisent en ravageant, et qui laissent après eux de nouveaux germes de fécondité. La Flandre a souvent fait cette épreuve, et la Hesse, que j'ai vue dix ans après la guerre, m'a offert le même tableau.

Il me reste à considérer ici le systême de guerre moderne relativement à l'art en lui-même. Si on envisage d'abord cet art du côté de l'immensité et de la difficulté, il est supérieur à ce qu'il fut dans tous les siècles de l'antiquité. Chez les anciens on ne connoissoit ni la science de l'artillerie ni celle des mines; sciences fondées sur des spéculations abstraites et profondes. Qu'étoit la théorie de leurs armes et de leur balistique, auprès de celle de Bélidor, de Robbins, etc.? Qu'étoit le fouillage des Bèces et des Daces auprès de notre art des mines, auprès de cet art si lumineusement perfectionné par M. de Rugy (1)? Mettra-t-on la science des fortifications des anciens, celle de leur attaque et défense des places, en parallèle avec celle de Vauban? Cette dernière est fondée sur le concours réfléchi de presque toutes

(1) Cet habile Officier qui dirige notre école de mineurs établie à Verdun, a fait une révolution dans cette science. Elle étoit autrefois plus favorable à l'attaquant qu'à l'attaqué. Il l'a rendue aujourd'hui plus avantageuse à l'assiégé qu'à l'assiégeant. Il a créé un systême de fortification souterraine, au moyen duquel la prise des places préparées suivant ce systême, doit être infiniment plus lente et plus difficile. Les principes de cette nouvelle science sont encore un mystère pour l'Europe.

les branches de mathématiques; celle des anciens, si l'on en excepte les fables d'Archimède, n'étoit qu'un art informe. On n'avoit pas chez les anciens ces attirails prodigieux d'équipages d'artillerie, de vivres, si difficiles à mouvoir et à nourrir. On n'avoit pas des armées aussi nombreuses. On connoissoit peu les chicanes de la petite guerre; on ne s'embarrassoit presque pas du choix des positions. On ne voit dans le récit des anciens historiens militaires aucuns détails topographiques. Les armées ayant de très-petits fronts, l'espèce des armes n'occasionnant ni fumée, ni tumulte, les batailles devoient être plus aisées à donner et à conduire. Je compare les guerres des Grecs, et la plupart des guerres des anciens, à celles de nos colonies dans l'autre continent. J'y vois cinq ou six mille hommes les uns contre les autres, des champs de bataille étroits où l'œil du général peut tout embrasser, tout diriger, tout réparer. Un bon major conduiroit aujourd'hui la manœuvre de Leuctres et de Mantinée, comme Epaminondas.

S'ensuit-il de-là que l'art soit à son point de perfection? non sans doute. Il y a, qu'il nous soit permis de hasarder cette expression, quelques parties où ses progrès mêmes l'ont reculé, et où, en s'étendant, il s'est compliqué aux dépens de sa perfection. Ainsi l'artillerie et les troupes légères se sont trop multipliées ; les frontières des états se sont mal à propos hérissées de places. Il en falloit pour servir de dépôts, de points de ralliement, pour garder de principaux débouchés. Au lieu de cela on en a construit en seconde et en troisième ligne ; on en a de beaucoup trop petites et qui n'ont pas d'objet. Les places sont ensuite inutilement surchargées de beaucoup trop de pièces de fortification ; les plans des ingénieurs sont la plupart trop réguliers, trop méthodiques, trop peu combinés avec la Tactique. La science des positions nuit dans quelques armées, dans celles qui ne sont point manoeuvrières, à la science des mouvemens, et les détails topographiques y ont par-là acquis trop d'importance. Les armées, devenues immenses, tant par l'augmentation des combattans que par les attirails et les embarras qu'elles traînent à leur suite, sont difficiles à mouvoir. Les détails de leurs subsistances forment une science dont les armées des beaux temps de l'antiquité, moins nombreuses, plus sobres, et mieux constituées n'avoient point d'idée. Enfin, les différentes armes, les différentes branches de l'art étant chacune devenues une grande partie, elles élèvent des prétentions, soit exclusives, soit prépondérantes, qui produisent à chaque pas de fausses conséquences et nuisent à la perfection générale de l'art : de-là chaque espèce d'armes se croyant la première et la plus importante ; l'infanterie pensant être tout dans les armées ; la cavalerie disant à son tour qu'elle seule décide les batailles ; l'artillerie s'imaginant qu'en elle résident tous les grands moyens de force et de destruction ; les ingénieurs voyant toute la sublimité de la guerre dans leurs angles et dans leurs travaux ; l'état-major de l'armée la voyant dans des reconnoissances de terreins ou dans des combinaisons locales ; de-là les troupes légères devenues si nombreuses aujourd'hui, et se croyant les seuls corps agissans et guerriers : prétentions toutes fausses ou du moins toutes exagérées, toutes preuves de l'ignorance et de la rareté des grandes vues ; prétentions qui rappellent cet apologue où chaque membre réclame la prééminence et se croit le principe et le siége de la vie.

Voilà les abus et les erreurs qui compliquent la science moderne, et qui attendent encore des hommes de génie pour tout classer, tout réduire, tout contenir dans de justes proportions, pour faire, en un mot, des lumières de chaque branche de l'art militaire, un faisceau de rayons qui constitue la science et qui la consolide. Mais en attendant, c'est ce mélange de lumières et d'abus, de connoissances et d'erreurs qui, en accablant les hommes d'un esprit médiocre, et en exigeant plus que du talent, rend et doit rendre aujourd'hui les grands généraux si rares. Tel homme dont l'esprit eût embrassé toutes les parties de l'art militaire des anciens, qui eût bien commandé vingt mille Grecs ou Romains; tel homme qui eût été alors un Xantippe, un Camille, ne suffit pas aujourd'hui à la moitié des connoissances qui composent la science moderne; il est absorbé par les détails, aveuglé par l'immensité, étourdi par la multitude. Cent mille hommes, dont il doit régler les mouvemens, le soin de pourvoir à leur subsistance, tous les obstacles produits par nos mauvaises constitutions, cent mille ennemis qui lui sont opposés, un plan de campagne à plusieurs branches, les combinaisons sans nombre qui résultent de la multiplicité des objets, tant de pensées, de soins et d'attentions à réunir, forment un fardeau au-dessus de ses forces. Il reste fatigué et accablé sous lui; il n'est plus bon que tel ou tel jour, et dans une partie donnée; il n'est enfin qu'un général du second ou du troisième ordre.

Mais il est un point sur lequel l'art de la guerre a éprouvé une grande révolution, et par où il doit devenir cher à la saine philosophie et à l'humanité. Autrefois l'art de la guerre étoit presque tout entier dirigé vers l'offensive. Il avoit pour but principal d'attaquer et d'envahir. J'ai démontré dans le cours de cet Ouvrage, que les armes des anciens étoient plus favorables à l'attaque qu'à la défense ; que de-là leur ordre unique et exclusif étoit offensif ; qu'enfin ils ne savoient combattre qu'en attaquant. J'ai démontré qu'en conséquence la science des positions, et tout ce qui s'appelle aujourd'hui guerre défensive, leur étoit à peu près inconnu ; que livrer des combats étoit toujours leur objet, et que ces combats, par la nature de leurs armes et par l'espèce de leur Tactique, étoient plus meurtriers et plus décisifs que les nôtres. Ainsi trois batailles renversèrent l'empire de Darius, empire presque aussi grand que l'Europe. La bataille de Cannes eût détruit la république Romaine, si Annibal n'eût pas fait la faute de s'arrêter à Capoue ; et celle de Zama décida du sort de Carthage.

Malgré l'invention des armes à feu, tant qu'elles ne furent pas perfectionnées, tant que la Tactique resta dans l'enfance, c'est-à-dire, jusqu'au milieu du seizième siècle, la guerre se fit à peu près sur les mêmes principes ; on connut toujours peu la science des positions et de la défensive. Les batailles continuèrent d'être la grande et presque l'unique opération, et d'entraîner des invasions et des conquêtes.

A cette époque, qui fut celle du prince de Parme, de Nassau, de Gustave, l'art changea de face ; on commença à mettre de l'importance et du prix aux positions, aux retranchemens, aux places de guerre. C'est aux guerres de Flandres que nous devons cette révolution, parce que les Hollandois, luttant toujours contre les Espagnols, à nombre inégal, furent obligés de se renforcer par l'art et par la discipline. C'est à eux que l'on doit le systême de fortification moderne, l'usage des retranchemens adaptés à la guerre de campagne, et enfin les premiers élémens de ce genre de guerre, au moyen duquel, avec des forces inférieures, aidées des obstacles du pays et des ressources de l'art, on défend, on retarde, on empêche les invasions contre des armées supérieures.

Le siècle de Louis XIV et le nôtre ont recueilli et perfectionné ces documens. La défensive y est devenue une des plus savantes et des plus difficiles parties des la guerre. C'est par elle que se sont immortalisés Turenne et Créquy, et, dans un degré inférieur, Catinat et Bervick. C'est cette défensive, fondée sur les rivières, sur les places, sur les positions, qui, dans les malheurs de la guerre de la succession, a préservé la France d'être envahie.

Aujourd'hui enfin, le systême de guerre moderne est plus que jamais tourné à la défensive. Ce peut être un abus, ce peut-être un vice de l'art, car le pour et le contre peuvent être également soutenus sur cela ; mais c'est un résultat certainement avantageux à la tranquillité des Nations et à la sûreté des Empires.

Cette prédominance de la défensive dans le systême de guerre moderne, tient à l'espèce de nos armes actuelles, qui sont plus favorables à la défense qu'à l'attaque ; à la supériorité que les positions donnent aux troupes qui les défendent sur celles qui les attaquent; à l'usage habituel que les armées ont aujourd'hui de se poster ; aux appuis favorables que prêtent les places de guerre ; aux attirails immenses d'équipages et d'artillerie que nos armées traînent à leur suite; aux embarras qui en résultent pour les grands mouvemens et pour les subsistances ; enfin, à la difficulté d'agir offensivement avec tous ces embarras et malgré tous ces obstacles: car, contre l'opinion consacrée par le préjugé, si l'on en excepte la défensive de grand genre, telle que la fit Turenne dans sa Campagne de 1675, défensive qui fut en même temps agissante et offensive, la partie de la guerre que nous croyons la plus difficile à faire aujourd'hui, vu d'une part tous ces embarras et ces obstacles, et de l'autre les progrès de la défensive, est certainement l'offensive. Ce qui nous confirme dans cette opinion, c'est que tous les généraux médiocres entendent plus ou moins la défensive, et qu'il n'y a que ceux du premier ordre qui sachent manier l'offensive. Mais cette discussion demanderoit un grand développement, et elle est étrangère à mon sujet.

Du changement majeur qui s'est fait dans l'art de la guerre moderne, il s'ensuit donc que cet art est essentiellement et primitivement devenu protecteur et conservateur; il s'ensuit que la défensive s'étant de plus en plus perfectionnée, et l'offensive étant devenue plus dificile, les guerres sont nécessairement moins décisives; qu'elles s'arrêtent aux frontières des Etats, et que plus rarement elles pénètrent dans l'intérieur; il s'ensuit par conséquent, que le fléau parcourt moins d'espace, qu'il est concentré dans des points, et qu'il fait moins de ravages. Une armée formidable, habilement commandée, et faisant la guerre avec toutes les lumières du système moderne, est comme ces barrières utiles qu'on établit sur les frontières pour éloigner la contagion.

Maintenant, plus les armées respectives des grandes Nations, plus l'instruction et la discipline de ces armées, plus les talens de leurs généraux se balanceront également; plus elles s'en imposeront mutuellement, et par conséquent moins elles entreprendront de guerres; car des forces en équilibre nécessitent le repos; moins, quand elles les entreprendront, ces guerres seront décisives et par conséquent funestes aux nations; enfin moins il y aura de possibilité de conquêtes, de sujets de tentation pour les princes ambitieux, et de révolutions d'Empires.

Quels sont les résultats que je prétends tirer de cette longue discussion? Ils se réduisent à ce qui suit :

Que la guerre est un fléau sans doute, mais qu'elle est un fléau inévitable.

Que pour le rendre plus rare, pour l'éloigner d'elle, il faut que la France soit assez puissamment armée pour ôter à ses voisins le desir de l'attaquer, ou de rien faire qui nuise à ses intérêts.

Que la nécessité d'entretenir une armée étant établie, il faut que cette armée réponde à la grandeur du royaume, à sa population, à son systême politique, et à toutes les circonstances qui l'environnent. Qu'il faut certainement tâcher d'entretenir cette armée avec le plus d'économie qu'il est possible; que c'est sans doute un grand malheur que d'y dépenser déjà deux ou trois fois plus que les autres puissances; mais que si telle est la constitution du pays, qu'on ne puisse, ou n'ose, ou ne veuille remédier aux abus qui occasionnent cette prodigieuse différence, il faut alors fermer les yeux sur la dépense, et se faire cette armée à quelque prix que ce soit. Car, quoi qu'il en puisse coûter, il faut pouvoir défendre ses possessions et recueillir ce qu'on y sème; il faut conserver quelque considération, et se mettre à l'abri de l'envahissement. Ce qu'il y a de plus cher et de plus onéreux, c'est d'avoir une demi-armée; car avec cela, on n'est jamais au niveau ni de sa politique, ni de son rang, ni du rôle qu'on doit jouer; et toute dépense qui est insuffisante est celle qu'il faut vraiment regretter.

Qu'ayant une armée, il faut l'avoir au moins égale, et, s'il se peut, supérieure à celles des autres puissances en discipline et en instruction. Car ce qui coûte cher, tant au présent que dans l'avenir, c'est une armée médiocre; attendu que sa dépense à la paix n'est pas moindre que celle d'une bonne, et qu'à la guerre on ne retire pas l'intérêt de son argent par des victoires.

Que pour avoir une excellente armée, il faut avant tout qu'elle ait un esprit militaire; que si cet esprit est affoibli dans une nation, il faut qu'il se retrouve et se conserve dans son armée; que ce doit être un des soins le plus important du Gouvernement, que c'est le feu sacré qu'il doit entretenir; car ce feu une fois éteint, c'en est fait de Rome et de ses destinées.

Que toute la nation peut, ne vouloir, ne souhaiter, ne respirer que la paix, parce que toutes les autres professions ne fleurissent que par elle, mais que l'armée doit avoir la soif de la guerre; que cette ardeur n'y peut naître que de deux moyens, tous deux dans la main du Gouvernement; l'un est le sentiment de sa force, que le Gouvernement peut lui inspirer en la mettant sur un pied formidable; l'autre est l'extrême sobriété des graces à la paix, et la perspective de l'abondance des graces à la guerre. C'est-là l'utile politique du roi de Prusse. Son armée brûle du desir de la guerre, d'abord parce qu'elle se sent, se voit, se juge en état de la faire; et ensuite parce qu'à la paix il n'y a dans cette armée ni avancement ni graces. L'uniforme, solde, la marche du tableau, voilà tout ce qu'on peut y attendre. Aussi, au plus léger bruit de guerre tout dans cette armée se réveille, jouit ou espère. L'ambition ou l'intérêt animent toutes les classes, l'avancement pour les unes, l'argent pour les autres. Il n'y a dans cette armée personne qui n'éprouve ou ne se promette par la guerre une amélioration dans son sort. Le soldat étranger même, le malheureux qui pendant toute la paix a gémi dans la captivité de la garnison et sous le joug de la discipline, soupire après la guerre, il y espère plus de mouvement et de liberté. J'ai vu ce tableau, il y a quelques années, dans un moment où les troubles de Pologne sembloient annoncer une guerre prochaine. Toute cette armée tressailloit d'impatience et de joie; elle me donnoit l'idée d'une meute prête à s'élancer; elle sembloit attendre que son maître lui livrât une nation à dévorer.

Que tel doit être l'esprit d'une armée pour que cette armée soit redoutable; car le métier des armes n'est pas un métier de raison et de philosophie; c'est un métier contre nature, et où il faut sans cesse en étouffer les mouvemens. C'est un métier où il ne faut pas que les mœurs soient trop douces, parce que si elles le sont, elles courent risque d'affoiblir les qualités militaires; c'est un métier qu'il faut aimer pour le bien faire, et qu'à facultés égales, celui qui l'aime le plus, fait toujours le mieux; c'est un métier enfin auquel il faut conserver soigneusement tous les prestiges de gloire et d'honneur qui l'élèvent et l'ennoblissent; car si les gens qui le font en venoient à raisonner et à sentir comme des philosophes, ce qu'ils auroient certainement de mieux à faire, ce seroit de l'abandonner ou de le faire avec mollesse.

Que c'est donc une philosophie bien dangereuse, bien mal-entendue, bien dépourvue de lumières, malgré l'orgueilleuse prétention qu'elle a de les répandre, que celle qui cherche à décrier à la fois la guerre, l'art et la profession. Qu'à plus forte raison faudroit-il décrier le commerce maritime, parce que les tempêtes, les maladies, les accidens inséparables de la navigation enlèvent tous les ans beaucoup d'hommes; la possession des îles de l'Amérique, parce qu'elles sont le tombeau de la plus grande partie des Européens qui y passent; l'exploitation de toutes les mines, de quelque espèce qu'elles soient, parce qu'il n'y en a point qui ne soient mal-saines et funestes aux ouvriers qui y travaillent. On peut se passer en effet, à toute rigueur, de correspondre avec les nations entre lesquelles et nous la nature a mis l'immensité des mers. On peut se passer de sucre, de café, d'indigo; on peut n'avoir besoin ni de cobalt, ni d'arsenic, ni de sel fossile, etc., mais il est de première nécessité de garder son pays, et d'être sûr qu'un autre peuple, tenté à la fois par sa fécondité et par notre foiblesse, ne viendra pas nous en chasser.

De ce long discours il s'ensuit enfin, pour résultat sommaire et général, que le systême de guerre moderne, au lieu des anathêmes et des malédictions philosophiques, mérite la reconnoissance des peuples et la plus grande attention de la part des Gouvernemens.

Je serai content si cette discussion ramène à mon avis, non ce ramas de coriphées de la philosophie du jour, qui n'approfondissant rien, ne voyant jamais les grands objets par-delà leur surface, n'ayant jamais étudié sainement l'Histoire et marché sur le grand théâtre des affaires et des passions, déclament par écho, parlent de ce qu'ils ne peuvent pas connoître et croyent s'agrandir en se disant citoyens du monde et cessant de l'être de leur pays; mais ces hommes faits pour être de vrais philosophes, parce qu'ils ont une ame élevée et un esprit vaste, ces hommes tels que j'en pourrois nommer, si je ne craignois de blesser leur modestie, et si je ne les honorois mieux en les laissant désigner au public qu'en les désignant moi-même; ceux-là eussent bien mieux que moi découvert et apprécié l'importance et les avantages du système de guerre moderne, si c'eût été leur profession de réfléchir et de méditer sur ce qui y a rapport; c'est à eux que je remettrai sous les yeux ces paroles mémorables d'un homme dont je leur ai toujours entendu prononcer le nom avec vénération, d'un homme qui, dans un siècle de ténèbres, avoit presque tout entrevu ou deviné, de l'immortel Bacon: *Aussitôt qu'un peuple naturellement belliqueux négligera les armes et tombera dans la mollesse, la guerre viendra fondre sur lui de tous côtés. Un Empire qui dégénère ne songe qu'aux richesses; c'est un appât pour ses voisins qui, le prenant dans un temps de foiblesse, en ont bientôt fait leur conquête et leur proie.*

Je serai content si je réconcilie avec la profession des armes, un sexe devenu, après les philosophes, la seconde autorité des sociétés de ce pays-ci, un sexe autrefois protecteur et ami de cette profession. Les déclamations modernes contre la guerre ont égaré sa sensibilité, et l'ont détourné de sa vraie destination, celle d'être le but et le prix de la gloire. Puisse la lecture de ce chapitre, si ce livre tombe dans ses mains, lui dessiller les yeux, lui faire voir que l'humanité a gagné dans la révolution qui s'est faite dans l'art de la guerre; que cet art, aujourd'hui destiné à la défense et à la protection plutôt qu'à l'attaque et à l'invasion, mérite plus que jamais d'être honoré et encouragé. Il ne s'agit plus aujourd'hui de grands coups de lances ni de faits d'armes personnels: l'art de la guerre a pris une forme plus vaste; il s'agit d'une science lumineuse et profonde, d'une science qui doit embrasser et remplir la vie de ceux qui la cultivent; il s'agit non d'actes de courage et de mouvemens passagers d'ambition et de zèle; il s'agit d'un métier qu'il faut aimer et étudier sans relâche, qu'il faut aller apprendre dans les garnisons, dans les voyages, dans les pays qui ont été le théâtre des grandes guerres, loin de Paris en un mot, parce que Paris est le tombeau des talens; parce que les caractères s'y atténuent, les courages s'y énervent, les moeurs s'y corrompent, l'application s'y relâche, et qu'on n'y prend enfin que des idées de fortune au lieu d'idées de gloire. Voilà ce qu'il faut que les femmes nous inspirent. Les devoirs et les sacrifices sont plus grands qu'autrefois; mais aussi de plus grands plaisirs doivent suivre de plus grandes privations, et plus de gloire de plus grands efforts.

Je serai content si, par cet Ouvrage, je donne aux militaires un plus grand respect pour leur art, et une plus grande idée des connoissances qu'il exige; si je jette sur-tout une sorte d'émulation mêlée de frayeur dans la conscience des gens que leur naissance appelle au commandement des armées, et qui négligent de s'en rendre capables. Enfin j'aurai rempli mon objet, si j'excite le Gouvernement à avoir une armée; c'est lui qui y a le premier intérêt; c'est à lui à redresser à cet égard nos préjugés, ou à se mettre au-dessus d'eux; c'est pour cela qu'il a dans ses mains l'autorité, et lorsqu'il l'emploiera ainsi, tous les bons esprits, tous les vrais citoyens en béniront l'usage.

FIN.

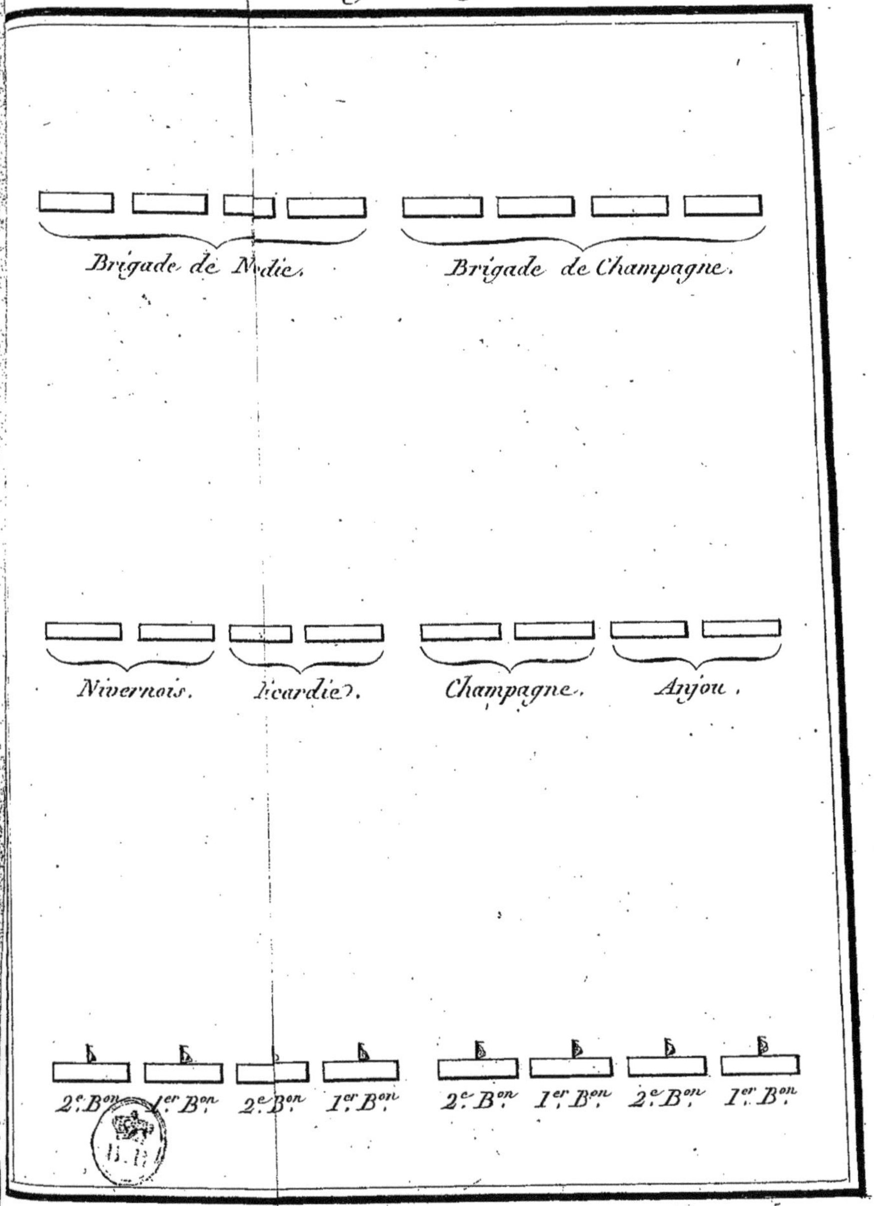

Brigade de N.die.

Brigade de Champagne.

Nivernois. Picardie. Champagne. Anjou.

2.e B.on 1.er B.on 2.e B.on 1.er B.on 2.e B.on 1.er B.on 2.e B.on 1.er B.on

ERRATA.

Tome second.

Pag. lig.

27 16 de laquelle *lisez* duquel

47 24 adoptée *lisez* adaptée

181 5 invertit *lisez* intervertit

235 16 que solides *lisez* que de solides

240 2 dont nous *lisez* que nous

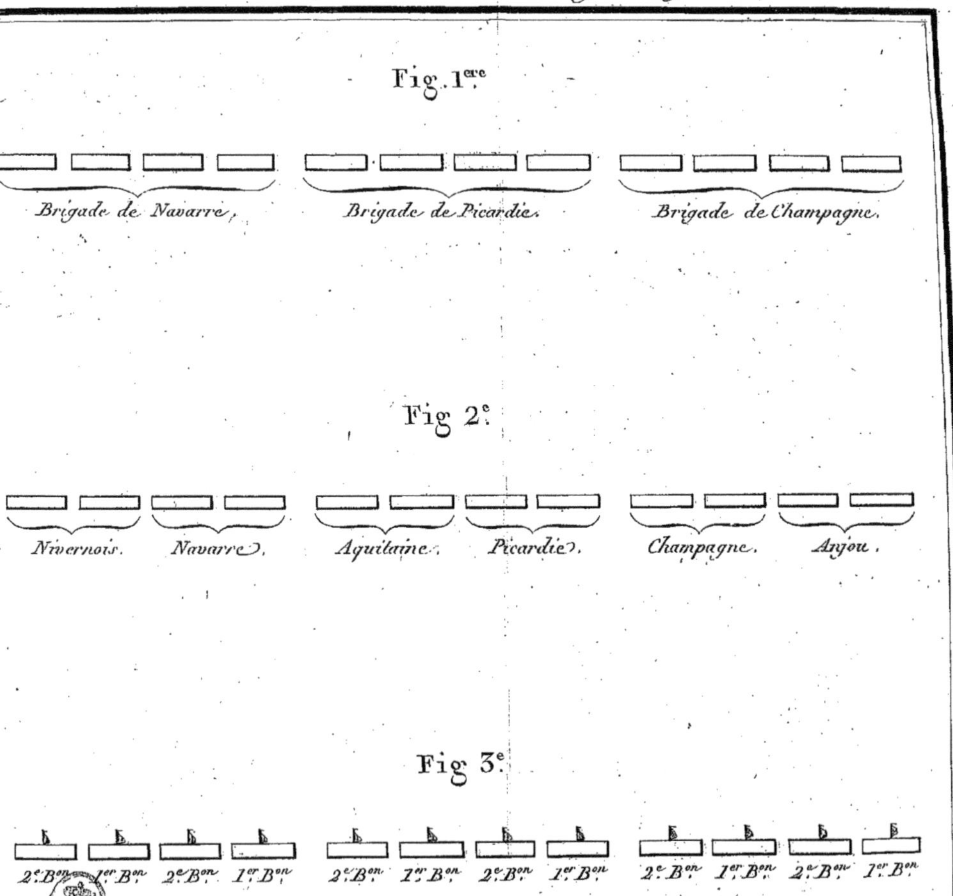
Fig. 1ère
Brigade de Navarre,
Brigade de Picardie.
Brigade de Champagne.
Fig 2e
Nivernois.
Navarre.
Aquitaine.
Picardie.
Champagne.
Anjou.
Fig 3e
2e Bon 1er Bon 2e Bon 1er Bon
2e Bon 1er Bon 2e Bon 1er Bon
2e Bon 1er Bon 2e Bon 1er Bon

I

Division formé

Fig. 1.ere

Division formée en double Colonne

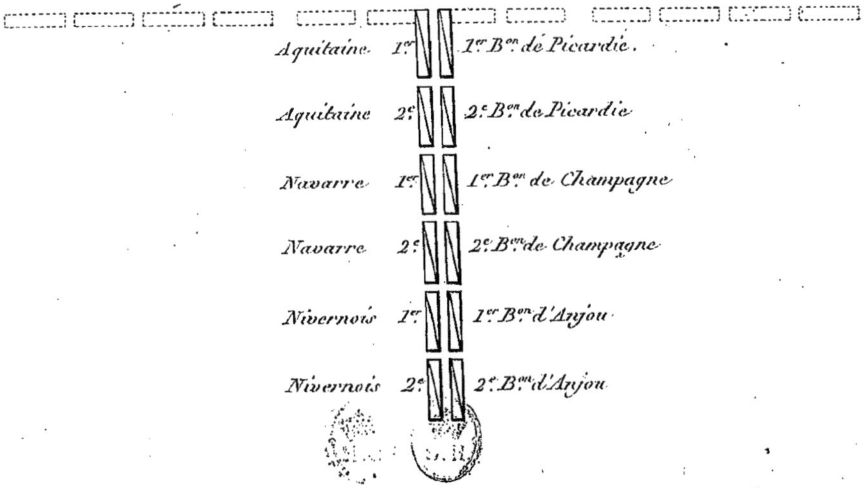

Aquitaine	1.er	1.er B.on de Picardie.
Aquitaine	2.e	2.e B.on de Picardie
Navarre	1.er	1.er B.on de Champagne
Navarre	2.e	2.e B.on de Champagne
Nivernois	1.er	1.er B.on d'Anjou
Nivernois	2.e	2.e B.on d'Anjou

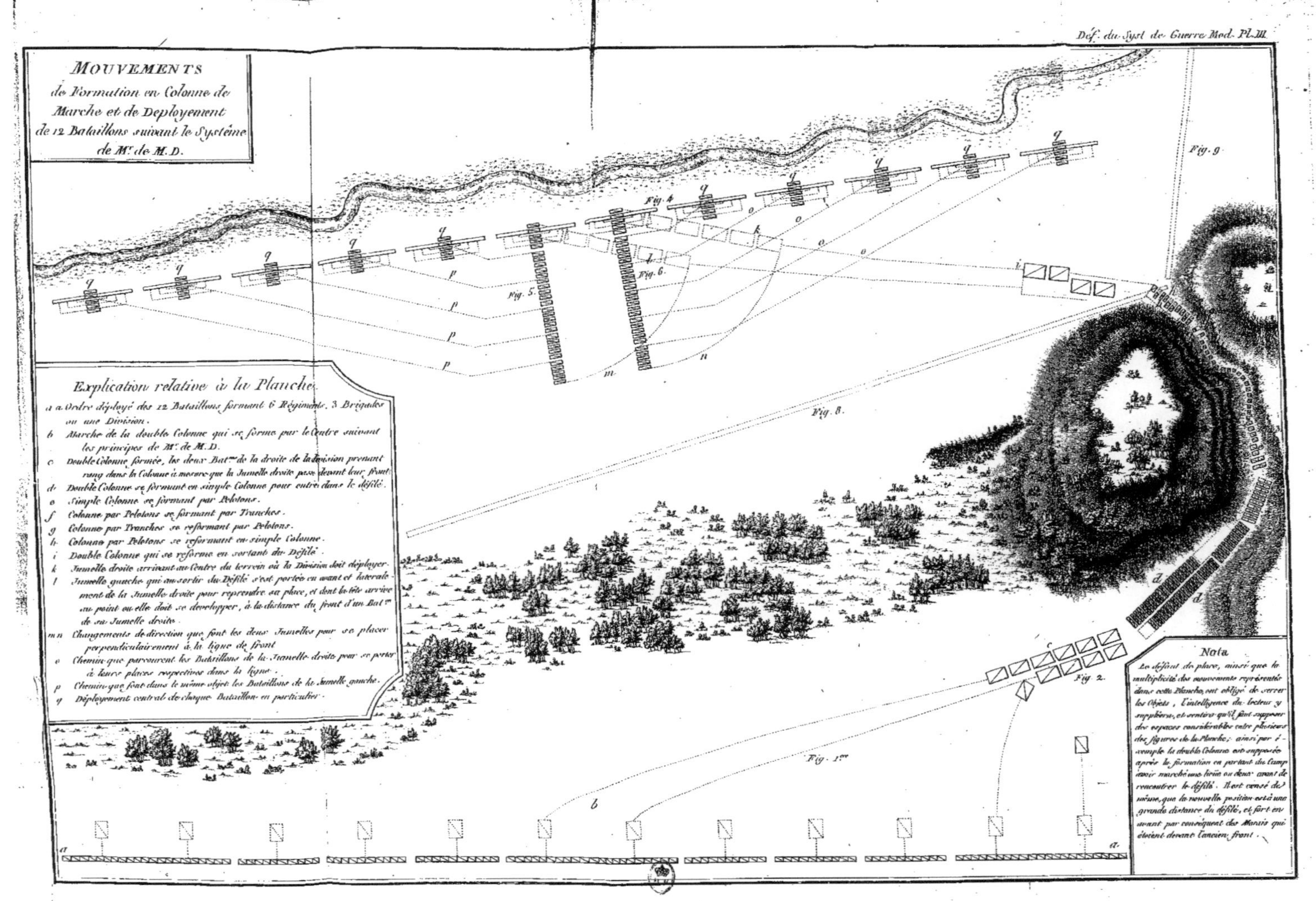
Déf. du Syst. de Guerre Mod. Pl. III.
MOUVEMENTS de Formation en Colonne de Marche et de Deployement de 12 Bataillons suivant le Systême de Mr. de M. D.
Explication relative à la Planche.
a a. Ordre déployé des 12 Bataillons formant 6 Régiments, 3 Brigades ou une Division.
b Marche de la double Colonne qui se forme par le Centre suivant les principes de Mr. de M. D.
c Double Colonne formée, les deux Bat.ons de la droite de la Division prenant rang dans la Colonne à mesure que la Jumelle droite passe devant leur front.
d Double Colonne se formant en simple Colonne pour entrer dans le défilé.
e Simple Colonne se formant par Pelotons.
f Colonne par Pelotons se formant par Tranches.
g Colonne par Tranches se reformant par Pelotons.
h Colonne par Pelotons se reformant en simple Colonne.
i Double Colonne qui se reforme en sortant du Défilé.
k Jumelle droite arrivant au Centre du terrein où la Division doit déployer.
l Jumelle gauche qui au sortir du Défilé s'est portée en avant et lateralement de la Jumelle droite pour reprendre sa place, et dont la tête arrive au point où elle doit se developper, à la distance du front d'un Bat.on de sa Jumelle droite.
m n Changements de direction que font les deux Jumelles pour se placer perpendiculairement à la ligne de front.
o Chemin que parcourent les Bataillons de la Jumelle droite pour se porter à leurs places respectives dans la ligne.
p Chemin que font dans le même objet les Bataillons de la Jumelle gauche.
q Déployement central de chaque Bataillon en particulier.
Nota.
Le défaut de place, ainsi que la multiplicité des mouvements représentés dans cette Planche, ont obligé de serrer les Objets, l'intelligence du lecteur y suppléera, et sentira qu'il faut supposer des espaces considérables entre plusieurs des figures de la Planche; ainsi par exemple la double Colonne est supposée après sa formation en partant du Camp avoir marché une lieue ou deux avant de rencontrer le défilé. Il est censé de même, que la nouvelle position est à une grande distance du défilé, et fort en avant par conséquent des Marais qui étoient devant l'ancien front.
Fig. 1re
Fig. 2.
Fig. 4
Fig. 5.
Fig. 6.
Fig. 8.
Fig. 9

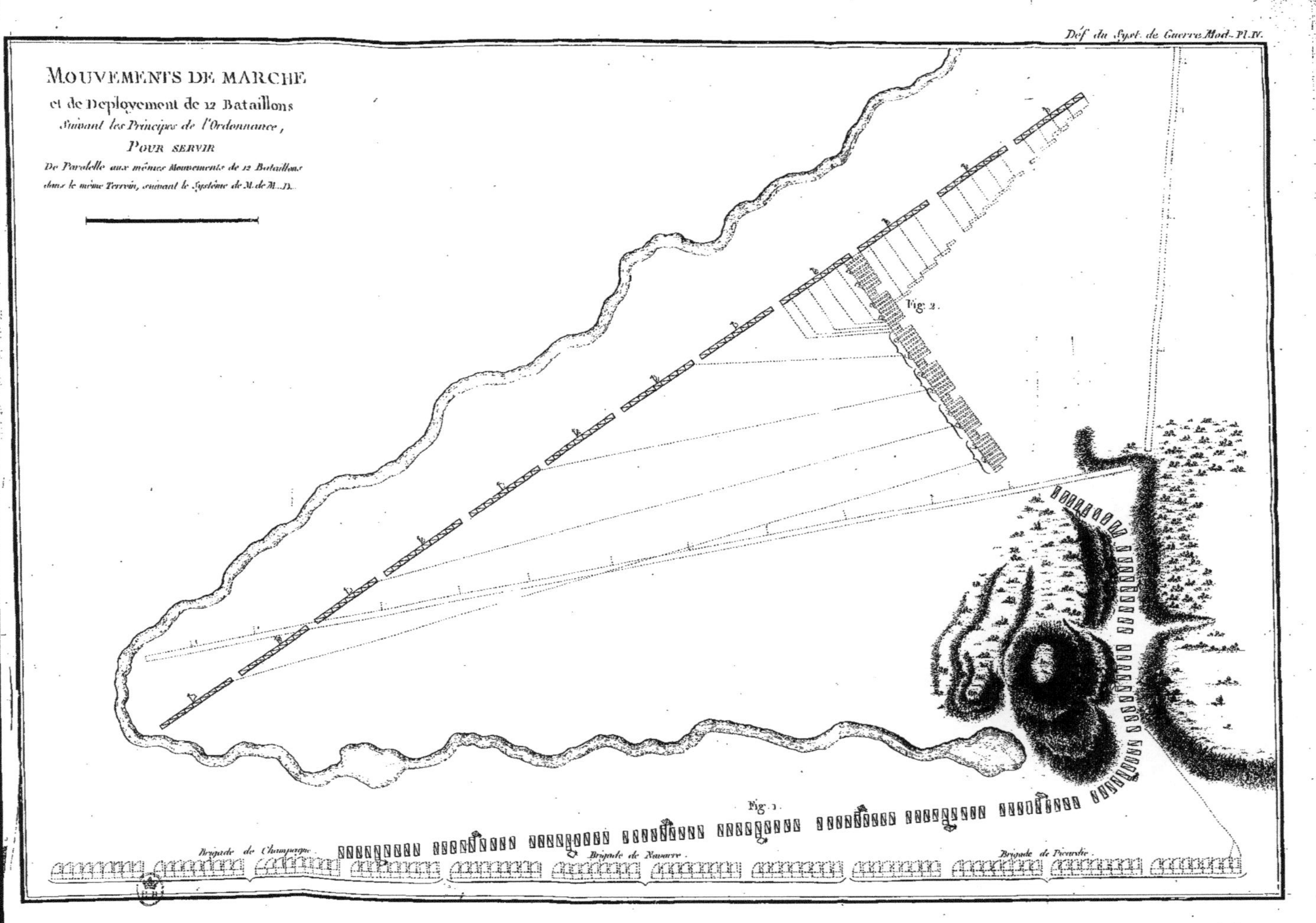
Déf du Syst. de Guerre Mod. Pl. IV.
MOUVEMENTS DE MARCHE
et de Deployement de 12 Bataillons
Suivant les Principes de l'Ordonnance,
POUR SERVIR
De Paralelle aux mêmes Mouvements de 12 Bataillons
dans le même Terrein, suivant le Systême de M. de M. D.
Fig. 2.
Fig. 1.
Brigade de Champagne.
Brigade de Navarre.
Brigade de Picardie.

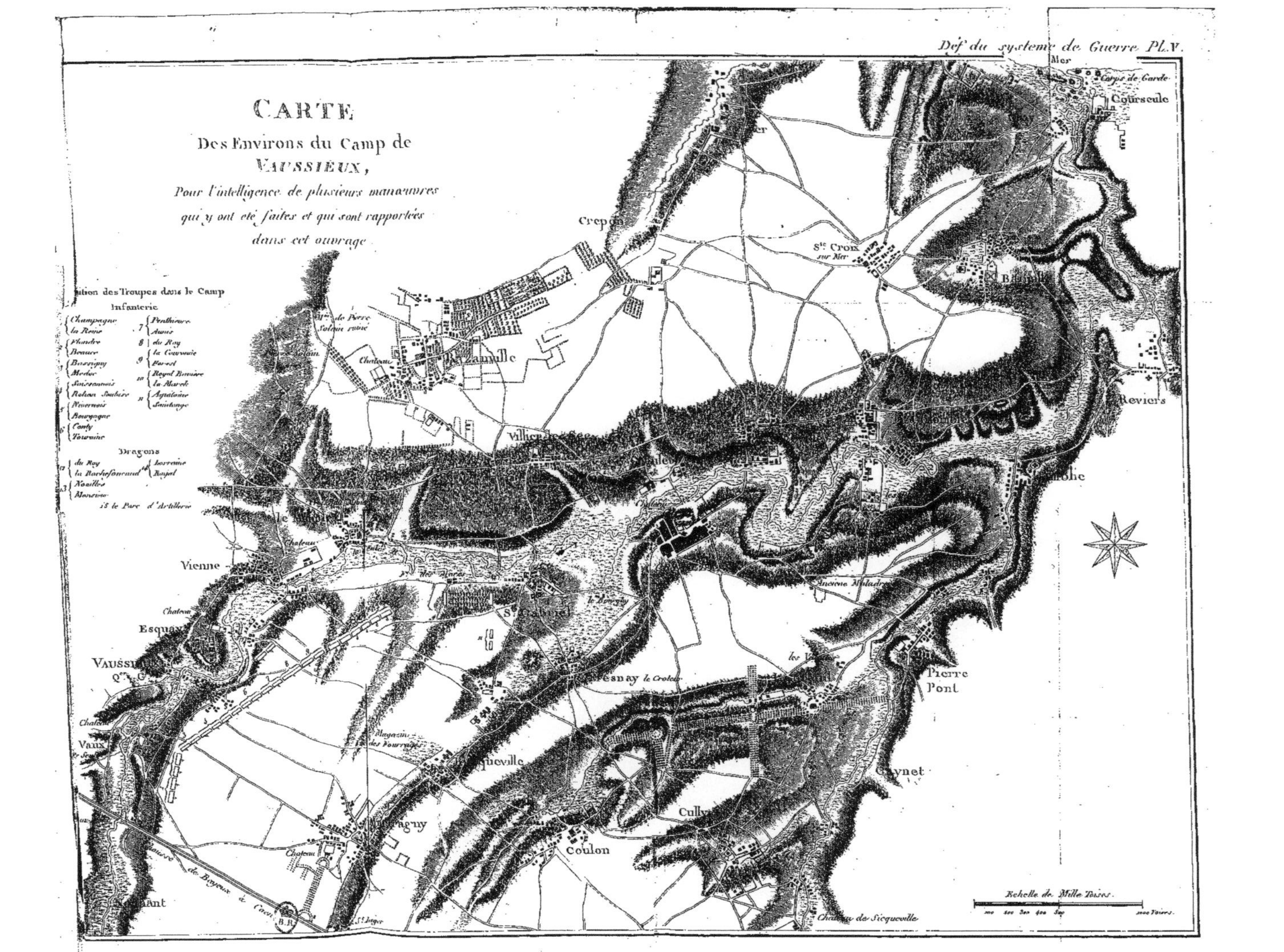
CARTE
Des Environs du Camp de
VAUSSIEUX,
Pour l'intelligence de plusieurs manoeuvres
qui y ont été faites et qui sont rapportées
dans cet ouvrage
Infanterie
Champagne
la Reine
Flandre
Beauce
Bassigny
Medoc
Soissonnois
Rohan Soubise
Nivernois
Bourgogne
Conty
Touraine
Penthievre
Aunis
du Roy
la Couronne
Forest
Royal Baviere
la Marck
Aquitaine
Saintonge
Dragons
du Roy
la Rochefoucaud
Noailles
Monsieur
Lorraine
Royal
13 le Parc d'Artillerie
Crepon
Ste Croix sur Mer
Mer
Corps de Garde
Courseule
Reviers
Vienne
Chateau
Esquay
Vaussieux
Vaux
Pierre Pont
Cully
Coulon
Magazin des Fourrages
Fresnay le Crotoir
Ancienne Maladrerie
Chateau de Sicqueville
Echelle de Mille Toises.
1000 Toises.
Chausse de Bayeux à Caen
B.R.

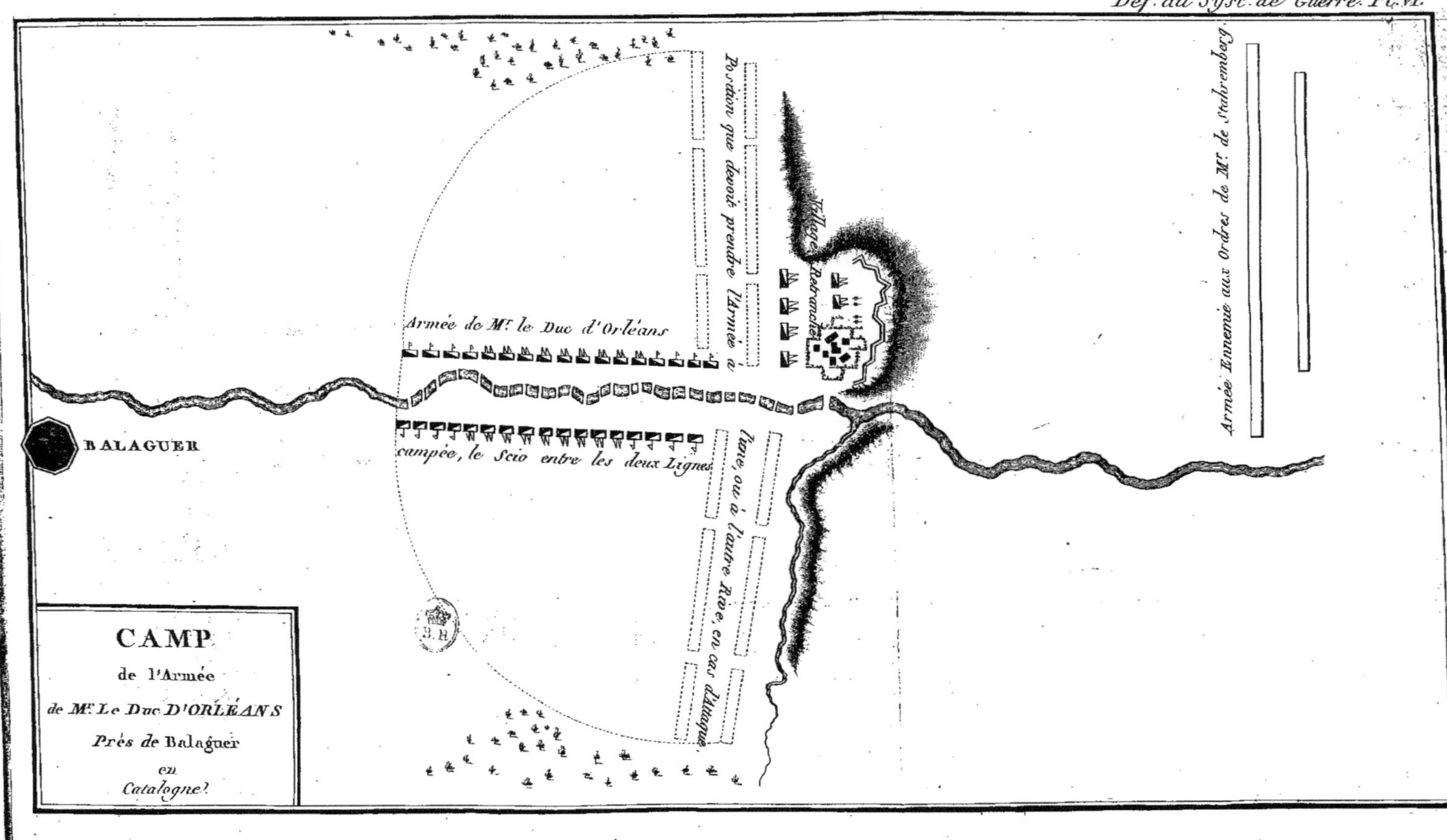
CAMP
de l'Armée
de Mr. Le Duc D'ORLÉANS
Prés de Balaguer
en
Catalogne.
BALAGUER
Armée de Mr. le Duc d'Orléans
campée, le Scio entre les deux Lignes
Position que devoit prendre l'Armée à
l'une, ou à l'autre Rive, en cas d'Attaque
Village Retranché
Armée Ennemie aux Ordres de Mr. de Stahremberg

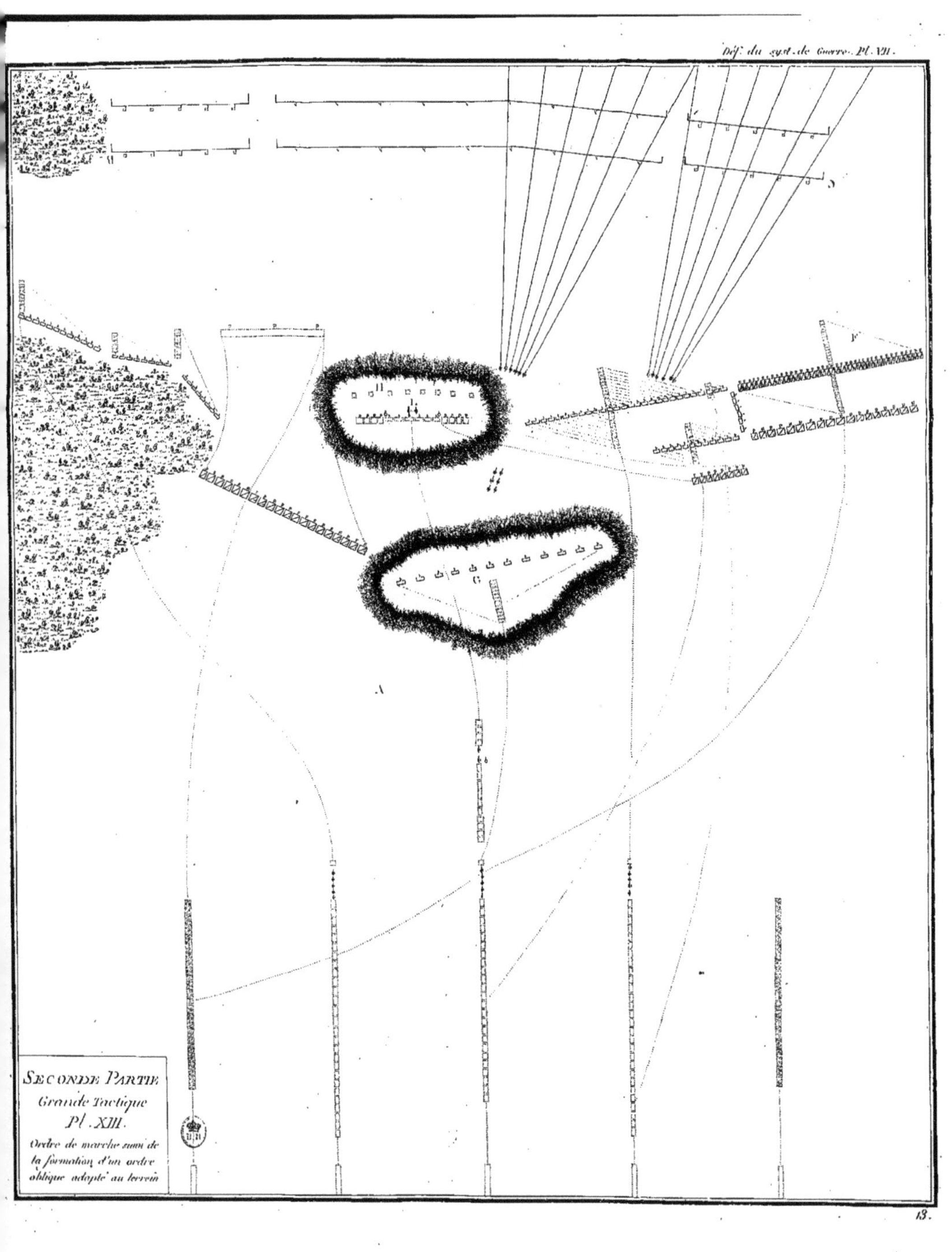
SECONDE PARTIE
Grande Tactique
Pl. XIII.
Ordre de marche suivi de la formation d'un ordre oblique adopté au terrein

SECONDE PARTIE

Grande Tactique

Pl. XIV.

Ordre Oblique Combiné, sur la première disposition de l'ennemi et changé ensuite, rapidement sur un autre point, à la vue des changements que l'ennemi a fait dans sa disposition.

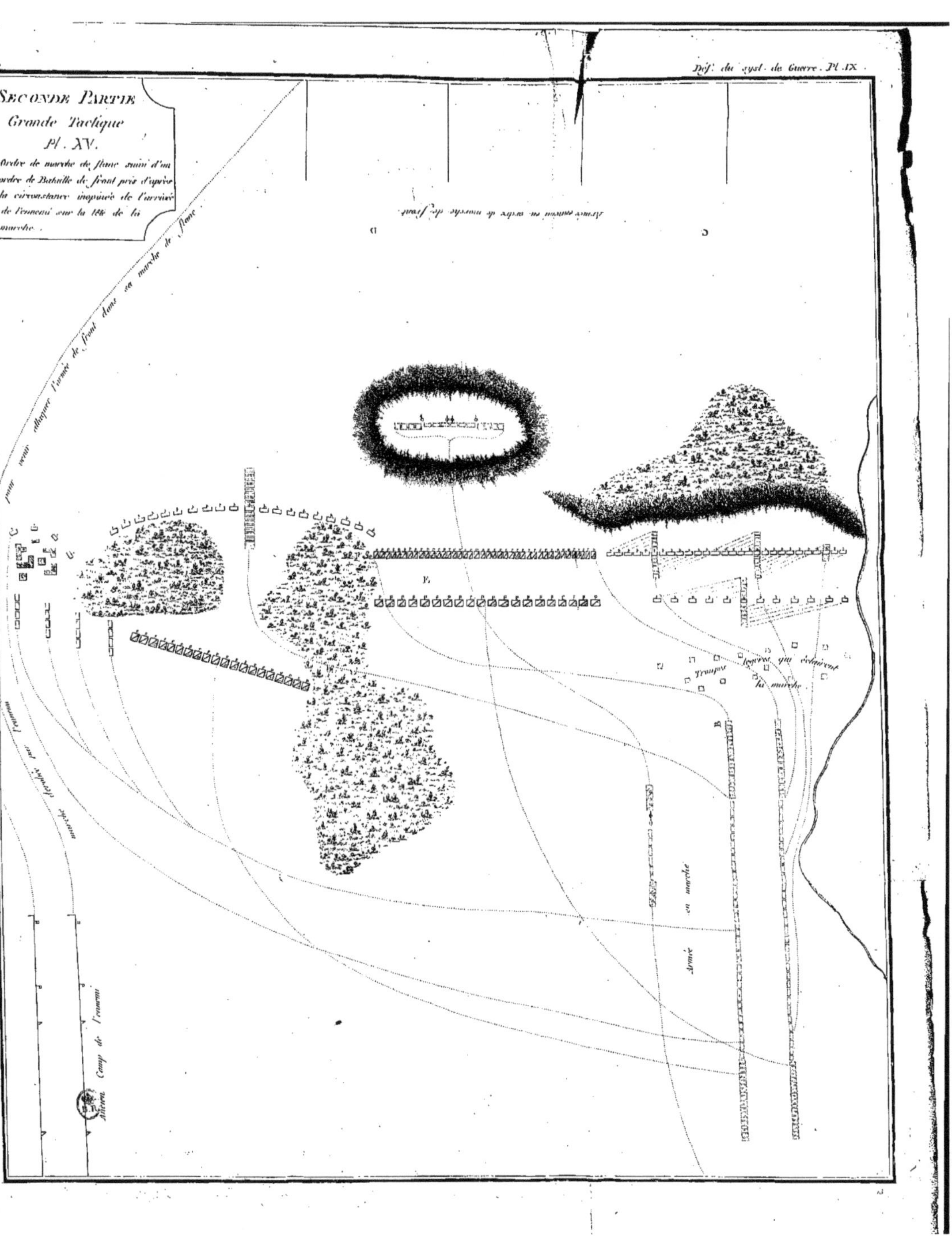
SECONDE PARTIE
Grande Tactique
Pl. XV.
Ordre de marche de flanc suivi d'un ordre de Bataille de front pris d'après la circonstance imprévue de l'arrivée de l'ennemi sur la tête de la marche.
pour venir attaquer l'armée de front dans sa marche de flanc
Armée ennemie en ordre de marche de front
D
C
E
B
Troupes légères qui éclairent la marche
Armée en marche
marche dérobée par l'ennemi
Camp de l'ennemi

www.ingramcontent.com/pod-product-compliance
Ingram Content Group UK Ltd.
Pitfield, Milton Keynes, MK11 3LW, UK
UKHW020203250726
13967UKWH00003B/1235